# Una Cruzada por la humanidad

## Juan Castro

i

Copyright © 2008 Juan R. Castro
**Una cruzada por la humanidad**
unacruzada@gmail.com

**Todos los derechos reservados**

Diagramación y diseño de portada
**Edison Núñez**

Edición y corrección de estilo
**Amelia Gamboa**

ISBN: 978-0-9821438-0-3

PRINTED IN THE UNITED STATES OF AMERICA
*Impreso en los Estados Unidos de América*
Primera edición 2008

*Todo individuo tiene derecho a la libertad de opinión y de expresión; este derecho incluye el de no ser molestados a causa de sus opiniones, el de investigar y recibir informaciones y opiniones, y el de difundirlas, sin limitación de fronteras, y por cualquier medio de expresión.*

Artículo 19, de la Declaración Universal de los Derechos Humanos.

# Prólogo

Sin importar el lugar en donde me encontrara, en República Dominicana o en los Estados Unidos de América: La Florida, New York, Connecticut, New Jersey, etc., siempre pasaba lo mismo…, no podía conciliar el sueño, porque llegaba a mi mente una idea repetitiva, referente a la manipulación religiosa a la cual ha sido sometida la humanidad.

En tales circunstancias empecé a escribir, plasmando las ideas sin importar el lugar y el tiempo; hasta que los primeros rayos del astro Sol eran sorprendidos por mí.

Todas las noches, en compañía de mi computador portátil, escribía y escribía, para no apartar de mí, la visión de correr el velo del engaño, y la utilización del látigo de la sumisión, a la raza humana.

Estas fueron las circunstancias en las que se escribió este libro. Queda de usted interpretar si estas fueron revelaciones o no. A mí nadie me dijo que lo fueran. Si esto es así, estas son mis profecías.

Este libro lleva como fin, el encuentro de la raza humana con la raza humana.

No es un juego de palabras, es que hasta ahora el concepto de "prójimo", que es el hombre para el hombre, no se ha puesto de manifiesto: Es una doctrina más, que persigue la solidaridad humana.

Es el resultado de un profundo trabajo científico, acerca de las religiones. Sin embargo, al tratar sus verdaderos orígenes y de cómo surgen los textos en que se apoyan, en el capítulo I, II, y III, me he limitado a hacer un esbozo ecuánime, para ir acorde con el concepto que cada pastor, o representante de cada iglesia imparte a sus fieles siervos.

Hemos tomado en consideración, hacer un texto de fácil asimilación, para lo cual evadimos los conceptos muy técnicos, y fórmulas complejas.

Esta enunciación la hago, no por que guarde muchas esperanzas en que los "siervos fieles" lean el libro, sé que esto es muy difícil, pues uno de los principales pilares de las religiones y máxime la católica y protestante, es la de no impulsar a leer ni a investigar; sino para que no sea necesario auxiliarse de otros textos para la comprensión de este humilde trabajo.

Sé que las iglesias mantienen su influencia sobre los ignorantes, aunque la van perdiendo entre los doctos, pues los conceptos de "Dios" y de la naturaleza que satisfacen la mente de los niños y los hombres incultos, no se adaptan a la mente del filósofo.

Más bien, lo hago porque la naturaleza del libro, no es un estudio de religión, sino un estudio comparativo de las versiones que tratan el tema de la existencia y la no existencia de un Dios misericordioso, contra la participación práctica de los que sustentan una y otra doctrina, y los resultados o no, que hemos obtenido y esperamos o no, de ellos, y para llevar el ánimo a todo el mundo de bajar la efervescencia del fanatismo religioso, y miremos más para el lado humano del universo y convertir la raza humana en una sola, que sí es el objetivo de este trabajo.

Como nuestra posición es defender y preservar la raza humana, después de demostrar la pérdida de tiempo, y vidas que ha sufrido la humanidad a causa de las doctrinas religiosas, hacemos un análisis de otro flagelo que atenta azotar también la humanidad, como lo es el calentamiento global.

Pero, como estamos a tiempo aún, hacemos un llamado para que todos juntos llevemos a cabo las soluciones que aquí presento, recomendadas por las instituciones no religiosas y sí muy competentes para hacerlas.

Emplazando a hacer un equipo formado por toda la humanidad, para poner en práctica activamente, la participación de llevar a los necesitados de todos los rincones del mundo, el derecho a: la educación, alimentación, a un nivel de vida adecuado; sin esperar a que ellos reclamen estos derechos.

El autor

# Contenido

# Capítulo I

Las Religiones

# Las Religiones

El hombre ha evolucionado en todo su cuerpo, y esto está pasando momento a momento. Pero esta evolución sucede en cada átomo de su organismo de una manera individual (cada molécula).

Se puede decir, que el momento en que se habla de la creación pudo haber sido aquel en que los átomos ubicados en la región del cerebro, o las células cerebrales, al cambiar, registraran tal transformación que originaran el entendimiento, la acción de razonar, -si se le quiere llamar así- atribuida al hombre.

Este momento es registrado por la historia, como el momento en que el hombre descubre cosas tangibles (armas, fuego) como imaginarias (dioses), hasta que también comienzan a descubrir cosas como: el sol (Dios del Sol) el viento (Dios del Viento), y por eso se habla de grupos de hombres o tribus politeísta.

En todo caso, el hombre, para lo no conocido, para lo que no tiene respuesta, tiene la necesidad de crear un dios, como única solución a sus interrogantes y problemas.

Otra razón de la creación o imaginación de un dios, es el temor que nuestras células cerebrales crean a lo desconocido; temor, que muy intencionalmente han utilizado los malignos hombres para manipular a los que temen, a los que creen en un dios. Esta fue el arma que usó Moisés en contra del faraón en Egipto, para salvar el pueblo de Israel, de acuerdo a los que escribieron la Biblia.

Como se puede ver, estos hombres malignos, han usado este fenómeno o metamorfosis cerebral, como el momento en que Dios creó al hombre y a su entorno; pudiendo ser más lógica, la tesis de que no fue Dios quien creó al hombre, sino, que fue el hombre quien creó a Dios y concomitantemente descubrió su entorno.

Siervos:

La enciclopedia Encarta define la condición de siervo como sigue:

*"una clase de trabajadores agrícolas, que estaban legalmente vinculados a un lugar de residencia y de trabajo, y eran obligados a cultivar y cosechar la tierra de su señor,*

*que podía ser un hombre o un alto dignatario eclesiástico."* más o menos, un esclavo de la iglesia.

"Los siervos -sigue diciendo la citada fuente- estaban obligados a un duro impuesto llamado *'talla'* ", el que en la actualidad se ha constituido en diezmo u ofrenda, dependiendo el círculo religioso en el cual usted esté.

Los siervos debían entregar parte de su cosecha como pago (tal cual se hace ahora: los campesinos entregan frutos y animales de sus granjas, para deleite de los pastores).

Los musulmanes, por su parte, para definir la expresión siervo, han utilizado la palabra Islam, que significa: "someterse".

Es decir, que el nombre de siervo, escogido por la iglesia para llamar a sus creyentes, fue inteligentemente seleccionado como un estímulo psicológico que, produce sus efectos inmediatamente se pronuncie. Esto es, al llamar siervo a los creyentes, ellos asimilan el concepto e inconscientemente actúan como tal. No así, los pastores o curas, que con toda la mala intención, procuran ese sometimiento moral, y conceptual de esclavo. Saben que ese sometimiento va a dar como resultado la sumisión a la supuesta divinidad que ellos (los curas) supuestamente representan.

Ahora bien, estos hombres malignos no han podido usar con inteligencia, en una forma perenne, todos estos inventos de esta existencia divina. Cometiendo tantas y tantas fallas constituidas por: ambigüedades, contradicciones y oscuridad, las cuales no han sido detectadas, por el fácil manejo que se tiene de los hombres temerosos a lo no conocido; y, por la poca o ninguna diligencia que hacen los pastores o dirigentes religiosos a sus rebaños: para que lean, para que estudien, para que investiguen; porque no les conviene que adquieran conocimientos, para que no les muevan los altares porque se les caerían los santos.

*Si quiere tener un pueblo valiente,*
*Inspírale temor.*

Veamos como el hombre original ha manejado al debilucho mental o temeroso de lo desconocido, los cuales han preferido a través del tiempo, creer y obedecer por temor a ser castigados *"los que se nieguen a creer, tendrán un castigo denigrante". Corán sura 90; Alá es enemigo de los incrédulos; y el que se niegue a creer, les dejaré disfrutar un tiempo y luego les llevaré a rastra al castigo del fuego. Qué mal fin".* Corán sura, 98; 126.

En las "revelaciones" divinas personalizadas, el hombre astuto, descubrió como se manejan los *arrebañados hombres,* que se dejan dirigir gregariamente, utilizando la práctica de: revelaciones, escrituras sagradas por inspiración divina difundidas por los profetas; y la continuidad y/o coincidencia de estos sucesos, que a través de la historia han cimentado las bases para que ahora existan tantos profetas y libros sagrados, como: la Biblia, el Corán, los libros de los Vedas, el libro de Mormón, etc.; que difieren entre si, muy distantemente pero, que tienen en común la manera irrespetuosa e irreverente para la humanidad, de captar incautos descaradamente con sus respectivas creencias, para convertirlos en sus siervos, ostentando cada cual ser poseedor único de la verdad. Entiendo que estas grandes diferencias de ritos y costumbres, desdicen precisamente de qué tan ciertas pueden ser estas revelaciones y qué tan sagradas pueden ser estas escrituras. ¿O todavía estamos en el tiempo de muchos dioses, y todos son ciertos?

Para tener una mejor idea de estas divinas diferencias, sería bueno tener una vista panorámica comparativa, desde las alturas, de todos estos llamados profetas, religiones, sagradas escrituras, y revelaciones, que, hasta los americanos, ni tontos ni perezosos, y para no quedarse sin bailar la danza del engaño, han tenido su *own revelation* (su propia revelación) y profeta.

De allí que, el "profeta" estadounidense José Smith dijo: *"Declaré a los hermanos que el libro de*

*Mormón era el más correcto de todos los libros sobre la tierra, y la clave de nuestra religión; y que un hombre se acercaría más a Dios al seguir sus preceptos que los de cualquier otro libro"* in God we trust. (en Dios confiamos) [1]

Haremos una comparación sistemática pero no cronológica, pues, podríamos citar en un solo cuerpo o párrafo varios profetas/revelaciones/sagradas escrituras/religiones/costumbres y otros puntos en que difieren o se contradicen, sin observar el tiempo en que supuestamente se revelaron, profetizaron, y se escrituraron.

Para las correspondientes verificaciones sobre la Biblia, hemos utilizado las versiones: Vulgata Latina (1884) y Reina-Valera (1960).

Pero, otra vez, como dijimos en la introducción del trabajo, no es nuestro propósito hacer un exhaustivo análisis de las religiones, solo las citamos para que sirva como referencia, como medio a nuestro fin.

En todo caso, sí citamos las Fuentes, para todo aquel que crea que debe desprenderse de lo que le dicen sus pastores u obispos, investigue por su propia cuenta y renuncie, si así le parece, a ser siervo o ciego creyente.

---

1.- El Libro de Mormón; pág. V

Al comenzar a hablar de religiones, se hace imperativo hacer mención: primero, de *los textos de las pirámides;* que son un conjunto de escritos religiosos, hasta ahora los más antiguos que se han encontrado; datan de 3,000 años a.c. y demuestran, que los egipcios ya poseían cultura religiosa.

En estos textos se contemplan rituales mortuorios, ofrendas, ceremonias religiosas entre otros, que sirvieron de marco para la imitación que luego hizo la iglesia católica, como veremos más adelante.

Otro de los documentos digno de mencionar, son los rollos del Mar Muerto, encontrados en la ciudad de Chirbet Qumram, en la ribera del Mar Muerto, a lo que debe su nombre, y los libros de Hag Hamadi; ambos, escritos 2,000 años a.c. aunque sus hallazgos fueron de fecha recientes: 1947 y 1945, son los originales de los libros que conforman la Biblia.

Veremos ahora, como, por más de 3,000 (tres mil) años, cada pueblo ha creado sus propios dioses y religiones, con su respectiva versión de la creación del mundo, incluyendo, el turno que le llegó al pueblo hebreo, que también tienen a su Dios Jehová y su versión de la creación del universo

## I.1 Los griegos

Para los griegos, todo nació así: había un vacío profundo, el aire, y una atmósfera, llamado Caos. De este vacío, del Caos, nació Gea (La tierra) sin revelaciones divinas, ni gestación; Gea, de la misma misteriosa manera, parió a Urano (el cielo) y este sí se apareó con Gea, su madre y la fertilizó, dando a luz a los titanes. Todo esto, 2,000 (dos mil) años antes de Jehová o Alá.

Ya para esa época en Grecia, la fabricación de los dioses era en masa. El equipo griego tenía 14 dioses que vivían en la cima del monte Olimpos, el más alto de Grecia, con 2,917 mts.

Los griegos creían que los dioses habían elegido el monte Olimpo como su residencia, en una región de Grecia llamada Tesalia. En el Olimpo, los dioses formaban una sociedad organizada en términos de autoridad y poderes. Se movían con total libertad y formaban tres grupos que controlaban sendos poderes: el cielo o firmamento, el mar y la tierra. Donde los doce dioses principales habitaban.

El capitán del equipo era Zeus, era el dios más poderoso. Dios del cielo y del trueno, dios de dioses.

Zeus, un pederasta, había secuestrado el joven Gamínedes y lo convirtió en su amante. Con el Dios Zeus, estaban el Dios Apolo (dios de la danza, la arquería), Afrodita, (diosa del amor), Dionisio y tros dioses que tenían sus respectivas atribuciones del que hacer de los pueblos.

La mitología griega tiene varios rasgos distintivos: los dioses griegos se parecen exteriormente a los seres humanos y revelan también sentimientos humanos. A diferencia de otras religiones antiguas como el hinduismo o el judaísmo, la mitología griega no incluye revelaciones especiales o enseñanzas espirituales. Prácticas y creencias también varían ampliamente, sin una estructura formal −como una institución religiosa de gobierno− ni un código escrito, ni un libro sagrado.

## I.2 Los romanos

El Imperio Romano tuvo a bien poner fin a la religión egipcia, destruyendo sus templos y sustituyendo sus dioses, los cuales le parecían (a los romanos) no aportar soluciones a los problemas locales. Terminando así con más de 3,000 años de religión egipcia.

Antiguos dioses griegos y romanos, conforme el imperio romano se extendía, iba asimilando elementos culturales de las tierras que conquistaba. En religión este proceso se llamó "interpretatio romana", (interpretación romana). Al conquistar

Grecia en el siglo III a.c., los dioses y diosas romanos se fusionaron con los griegos.

El pueblo romano invirtió los papeles de los conquistadores y en vez de eliminar los dioses de los pueblos conquistados, absorbieron los ya existente invitándoles a formar parte de su ya numérico grupo de dioses.

Los primeros dioses adoptados y adaptados, fueron los provenientes de Grecia. A estos dioses solo les cambiaron los nombres

Entre los nombres de dioses Greco-romanos más conocidos son: La diosa griega Afrodita, a la que se *romanizó* con el nombre de Venus; diosa de la belleza y el sexo; en esa misma línea, el griego Eros, dios del amor, pero en la localidad romana, es mejor conocido como Cupido, este dios es todo poderoso (en su asunto del amor). Fue nacionalizado por los romanos con todo su arco y sus flechas.

Sigue en la lista el dios Poseidón, señor de todos los mares y de los terremotos, que al mudarse para Roma, lo rebautizaron, dejándole sus mismos poderes, con el nombre de Neptuno.

Pero el gran soberano de toda la masa de dioses, lo fue el gran Zeus, griego de nacimiento y formación; por razones políticas de los tiempos, se nacionalizó romano y se cambió el nombre a Júpiter, nombre por el cual fue llamado en lo adelante en sus quehaceres.

Irónicamente, en los tiempos de la luz de la filosofía, era cuanto más ignorancia había respecto a los dioses.

## I.3 Mitra

Esta religión, fue la que sirvió de modelo a la Iglesia Católica, de la cual copiaron casi textualmente hasta los nombres para construir la figura de Jesús, el Cristo.

Hasta que llegó Mitra, en el año 68 a.c. (ante que naciera Cristo) de origen persa, conocido como "luz del mundo", era mediador entre el cielo y la tierra, fue miembro de una Trinidad. Se representa, matando (claro, matando) un toro con sus manos; de la sangre que el toro derramaba, surgieron todas las plantas y animales. Y así, se formó toda esta belleza en que vivimos, de acuerdo a la versión Mitra.

Mitra nació de una virgen la cual se llamó "madre de Dios", dos siglos antes de Cristo.

Para este entonces, los Mitritas, creían en el cielo y en el infierno, que la benevolencia del dios Mitra se compadecía con sus sufrimientos y les concedería la vida eterna en otro mundo mejor. Esperaban un día del juicio final.

Creían en la purificación a través del bautismo, y participaban en una ceremonia donde se bebía el vino y comía el pan, simbolizando con esto, el cuerpo y sangre de Dios (no del hijo); celebraba su cumpleaños el 25 de diciembre. Después que había terminado su misión en la tierra, cenó por última vez con sus compañeros y ascendió al cielo para proteger por siempre al hombre fiel. Cualquier parecido a lo que hicieron los cristianos después de esto con el "Maestro de Justicia", para convertirlo en Jesús Cristo, ¿sería pura coincidencia?

Ninguna diferencia se eximieron los católico-cristianos, 2 siglos después, para hacer su liderazgo fantasma con Jesús, el Cristo, del cual, en otro trabajo aparte detallaremos.

## I.4 El hinduismo

El hinduismo es la religión más grande que existe en la India, los libros sagrados o "las cuatro Biblias", están comprendidas por cuatro grandes textos:

1- Ring Veda

2- 108 Upanishads

3 - 18 Purana

4- El Mahabharata.

De acuerdo a esta religión, la teoría de la creación, es como sigue:

La humanidad fue creada por el desmembramiento de uno de sus dioses llamado Purasha. O sea, que después de matar al dios Purasha, hicieron el mundo con todo su cuerpo. Vamos a ver esto: de su mente hicieron la luna, de sus ojos hicieron el sol y de su respiración, el viento.

También se crearon los caballos y las vacas de partes de su cuerpo. Los sacerdotes fueron hechos de la boca. Los militares fueron hechos de sus brazos y de sus muslos. Siguen jovialmente los esclavos, que fueron hechos de sus pies, con arreglo a la teoría de los hindúes.

Ahora bien, en la India, hay una destacada división de clases sociales. La clase más baja es la llamada Los Intocables. Esta parte no fue olvidada al hacer el mundo, y, de acuerdo a las Escrituras Sagradas, la casta de los Intocables fue hecha de la mierda del dios Purasha.

Ellos en vez de "Intocables" prefieren llamarse Delits, que significa oprimidos. Son tratados peor que animales, se les niega hasta el acceso a pozos de agua potable; se les considera impuros y que contaminan todo lo que tocan, y hasta su sombra no puede ser tocada por los otros compatriotas Indios.

De los 40 millones de compatriotas "Intocables", humanos al igual que los otros habitantes de la India; 15 millones son niños y niñas, que trabajan en condiciones de semiesclavitud, por míseros salarios. La mitad de los niños y el 64 por ciento de las niñas, de la casta de los Intocables (tan Indio y humanos como los otros), no puede llegar a terminar la educación primaria, debido a las humillaciones a que son sometidos por sus maestros y maestras.

Los crímenes contra las mujeres Intocables son especialmente duros. A menudo son violadas o golpeadas por hombres de castas superiores, terratenientes y policías. Además, por determinación de los dioses hindúes, miles de adolescentes pertenecientes a casta inferior, se ven forzadas a prostituirse, en nombre de una práctica religiosa, pues se les consideran "Siervas de los dioses". Estas jóvenes no se pueden casar y son obligadas a mantener relaciones sexuales con hombres de castas superiores. (todo a nombre de su religión).

Otra historia que se relata en los libros sagrados de los hindúes, es la del rey Manú.

Y dice así: Fue el primer ser humano que vivió sobre la tierra, hijo del dios Sol y su madre que fue llamada Verdad. 4.000 años a.c.

Sigue contando la historia de los hindúes, que el dios Manú, cuando se estaba lavando las manos en un río, un pececito le pidió que lo salvara (¿de qué?), por lo que Manú lo sacó del río y lo puso en una pecera; el pececito creció y el rey tuvo que ponerlo en un charco de agua; luego el pececito creció más y el rey lo puso en un lago. Sigue la historia diciendo, que el pececito siguió creciendo, por lo que el rey lo puso entonces, en el océano hasta que el pececito, un día, le advirtió al rey Manú de que vendría una gran inundación (aquí viene la misma historia del arca de Noé, de las parejas de animales, del diluvio etc., pero ahora en la versión hindú), por lo que el rey, dicen las escrituras, construyó una gran nave donde entró su familia, además, entró el semen de todos los animales, que utilizaría para repoblar la tierra; entonces, amarró la nave al pez, quien la arrastró por todo el océano, hasta que pasara el diluvio.

Hasta aquí, la historia de la creación del mundo, según la versión de la religión hindú. Moisés haría su propia versión, 3,000 años después.

## I.5 El Islam

Obviamente, no es una coincidencia que sea Mahoma el fundador del Islam.

El profeta Mahoma perteneció a una tribu llamada *Qurays*, era la tribu que controlaba el acceso al *haram*, un santuario que fue el núcleo de la práctica religiosa local y lugar de peregrinación. En el centro se hallaba la kaaba, en cuyo interior había un gran número de ídolos y dioses "sagrados". Se hacía ya reverencia a varios dioses de piedra. El más importante de estos dioses era *HUBAL* y las tres hijas del díos llamado *Alá* que era el señor divino del santuario. Mahoma comenzó su profecía con él, quien estaba acompañado de más dioses asociados.

La Meca, es la ciudad santa, es la ciudad sagrada. En su interior y alrededores, a los musulmanes se les está prohibido luchar, cazar y cualquier otra forma de derramamiento de sangre. (Esto es, porque a los musulmanes les hace falta, que los judíos les den una clase estricta de lo que es derramamiento de sangre.)

La poderosa tribu *Qurays,* a la que pertenecía Mahoma, dominaba una red comercial que operaba en la región de *hidjaz,* actual Arabia Saudi, y poseía conexiones con el sur de Siria, Mesopotamia, (Irák), Yemen y África Oriental.

Para ese entonces, la comunidad árabe tenía una gran influencia religiosa de los judíos, de los dioses paganos y del cristianismo, por lo que Mahoma tuvo a bien tomar de todas estas religiones o actividades religiosas lo que entendió necesario para hacer una religión monoteísta a la cual llamó *Islam.*

Así bien, Mahoma estableció a Alá como un Dios: único, verdadero, omnipotente y eterno; usando los elementos de la religión judía. De acuerdo a Mahoma, Dios o Alá, reveló por primera vez su palabra inalterable a Adán, el primer hombre, al patriarca Abrahám (Ibrahim), a Noé, que en árabe se escribe Nuh, David (en árabe dawud), Moisés (en el Corán se escribe Musa). También tomó del cristianismo el nombre de Jesús, llamado en el idioma árabe: *Isa*.

De esta forma, Mahoma en vez de dividir la ya fragmentada creencia religiosa, trató de unificar, recordando desde luego a la comunidad árabe, el "auténtico" y "original" mensaje que le dá forma definitiva y perfecta: el Corán, dejando por sentado de que solo hay un dios que es *Alá* y *Mahoma* su único profeta.

Y más aún, que Allá no es Jehová o yave, tal como se desprende del art. 5, versículo 51, del Corán:

«! Vosotros que creéis! No toméis por aliados a los judíos (Jehová o yahveh) ni a los cristianos, unos son aliados de otros. Quien los tome por aliados será uno de ellos.[….]»

De acuerdo a las religiones entonces, estamos aún en la época de cuando habían varios dioses: Los musulmanes con Alla y los judíos con Jehová o Yahveh.

Pero esta historia no se queda sin las revelaciones divinas, también al profeta Mahoma se le reveló el mismísimo arcángel Gabriel, que en árabe se llama Gibrail.

Dice la tradición islámica que Mahoma en compañía del arcángel Gabriel, en una noche voló de la Meca a Jerusalén, se dice, que en la ciudad santa, el profeta dirigió una misa presenciada por un grupo de los antiguos profetas, entre ellos: Abraham (Ibrahim) y Jesús (Isa), y que ellos se convirtieron en musulmanes. Después, Mahoma, montado en una bestia con alas, mitad caballo y mitad humana llamada buraq, ascendió a los cielos y llegó ante la presencia de mismísimo Dios. Este relato se llama *miraj* (viaje nocturno). ¡Maravilloso, maravilloso, muy maravilloso!

El decir de Mahoma –que Alá le de su gracia y paz–, le fue revelado que el mismo Jesús Cristo lo había anunciado:

Corán, Cap. 61, versículo 6. "y cuando dijo Isa (Jesús) hijo de Maryam (María): ¡ Hijos de Israel! Yo soy el mensajero de Allah para vosotros, para confirmar la Torá que había antes de mí y para anunciar a un mensajero que ha de venir después de mí, cuyo nombre es Ahmad (Muhammad, Mahoma).

## ¿Cómo surge el Corán?

Fácilmente, podríamos interpretar que el Corán, fue hecho como un traje a la medida para Mahoma… claro, por Mahoma.

Esto se desprende porque, cuando Mahoma tenía una necesidad, un problema personal, al día siguiente "bajaba" una revelación divina con sus respectivos castigos. Estas "revelaciones" son los capítulos que constituyen el Corán, con los que se resolvieron problemas personales del profeta.

El primero de estos ejemplos:

**Capítulo 8 versículo 1** dice: *Los botines de guerra pertenecen a Alá y al mensajero* (o sea, Mahoma) *así pues, temed a Alá y a su mensajero* (o sea, Mahoma) *poned orden entre vosotros y obedeced a Alá y a su mensajero* (o sea, Mahoma) *si sois creyente.*

Sucedió que una tribu compró una esclava para que cantara canciones de sátira y de burla contra el profeta Mahoma, al día siguiente a Mahoma le "revelaron" coincidencialmente, el **capítulo 31 versículo 6**, del Corán: *"Hay hombres que compran palabras frívolas para extraviar del camino de Alá sin conocimiento y las toman a burla. Esos tendrán un castigo infame".* Jamás ni nunca, volvió la pobre bailarina a los escenarios musulmanes.

En otra ocasión, miembros de una tribu llamada Banú Tamiz, vinieron a ver al profeta y entraron en la mezquita, y se pararon cerca de las habitaciones privadas de su esposa y le llamaron a voces. Esto dió lugar a que los ángeles le revelaran al día siguiente a Mahoma, el **capítulo 49 titulado de los aposentos privados**, el cual en el versículo 4, dice: *"Esos que te llaman desde la parte de atrás de las habitaciones privadas en su mayoría no razonan".*

El **versículo 5 dice**: *"Más les valdría esperar pacientemente a que saliera ante éllos. Y Allah es perdonador y compasivo"*

Otra historia más, cuenta de que Aisha, esposa de Mahoma, en una expedición se quedó atrás buscando un anillo perdido, más tarde se apareció en un camello con un hombre llamado Safwan D. Emutal, que se había ofrecido para llevarla a reunirse con su tropa, esto provocó que el grupo de expedicionarios, hicieran especulaciones acerca de lo que estaba haciendo la esposa de Mahoma con ese hombre, a Mahoma le molestaron esos rumores, lo cual provocó que, de nuevo coincidencialmente le haya sido "revelado" el **capítulo 24 en su versículo 4**: *"Y a los que acusen a las mujeres honrradas sin aportar seguidamente cuatro testigos, darles 80 azotes y nunca más aceptéis su testimonio. Esos serán los descarriados".*

Y el **versículo 8 continúa**: *"Y ella quedará libre de castigo si atestigua cuatro veces por Allah que él está mintiendo".* **Desde luego, eso de los 80 azotes, hizo que pararan los rumores inmediatamente.**

Pero lo más sorprendente y admirable, es que el profeta Mahoma tuvo "la suerte" de que le "revelaran" capítulos del Corán que protegieran a su mente paidófila y de degeneración sexual, veamos:

**Corán capítulo 33, versículo 50**: *"¡Profeta! Te hacemos lícitas tus esposas, a las que diste sus correspondiente dotes, y a las que tu diestra posee entre las que Allah haya dado como botín, y las hijas de tus tíos maternos y las de tus tías maternas que hayan emigrado contigo y **cualquier mujer creyente que se ofrezca al profeta si el profeta quiere tomarla en matrimonio. Esto es exclusivo para ti no para los creyentes"***

¡Admirable revelación, justo a la medida de Mahoma!

Mahoma decide casarse con la que había sido esposa de su hijo adoptivo Zayd de. Harizah, para lo cual, desde luego, Alá hizo bajar la siguiente revelación:

**Capítulo 33 versículo 38**, "No hay ninguna falta sobre el profeta en lo que Alá ha hecho receptivo para él, así ha sido la práctica constante de Alá con lo que ya pasa. El mandato de Allah es un decreto fijado.

El **capítulo 66 del Corán, en el versículo primero** dice: *"¡profeta! ¿Por qué te prohibes lo que Allah ha hecho lícito para ti, buscando el agrado de tus esposas, cuando Allah es perdonador y compasivo?"* Este capítulo le fue revelado al profeta Mahoma después que su primera esposa lo encontrara en adulterio -porque Mahoma también era adúltero- con su esclava María, en la misma habitación y la misma cama de su esposa.

El más bello y contundente de todos estos ejemplos es el que sigue:

No obstante el Corán en el **capítulo 4 versículo 3.** *Permite tener cuatro mujeres, en el versículo 34, autoriza al hombre a amonestar y a pegarle a las mujeres y en el versículo 15 autoriza al hombre para que, "a las mujeres que se presenten con una indecencia, después de buscar cuatro testigos" permite retenerla en la casa* <u>*hasta que se muera*</u> *o hasta que Allah le dé una salida.*

Mahoma puede, de acuerdo el **capítulo 33 versículos 51** *"dejar postergada a la que no quiera de ellas (mujeres) y unirse a la que quieras. Y si deseas alguna que hayas mantenido alejada, no hay mal en ello para ti. Esto es más conveniente para que sus ojos se refresquen o se consuelen y no se enriquezcan y estén satisfechas con lo que les des.*

*Alá conoce lo que hay en vuestros corazones. Alá es conocedor indulgente."*

Este artículo es exclusivo para el profeta, Mahoma no tiene obligación de repartir su atención por igual entre sus esposas, si bien el fue el modelo en ello, por eso puede tomar y dejar a las mujeres que se ofrezcan a él, o a divorciar o a conservar las que tenía.

El **versículo 53 del mismo capítulo**: *"¡vosotros que creeis! No entren en las habitaciones del profeta a menos que les den el permiso y los inviten a comer, pero no esteis esperando la ocasión"*

*No obstante si sois invitados entrad, […] y no os quedeis hablando con familiaridad; realmente esto le molesta al profeta pero le da vergüenza decírselo[…] Y cuando él (Mahoma) ya no esté, no os caséis jamás con su esposa, realmente esto es grave ante Allah.*

**Versículo 56** *"los que ofenden a Allah y a su mensajero, Allah los maldecirá en esta vida y en la otra. Ha preparado para ellos un castigo infame".*

Para culminar con lo de la apetencia sexual de Mahoma, hay que resaltar que contrajo compromiso matrimonial con una niña de seis años y que a esa misma niña la penetró desgarrándole sus partecitas sexuales infantiles, cuando apenas tenía nueve años.

He aquí el testimonio de la niña:

*"Mi madre vino hacia mí cuando me estaban me-
ciendo en un columpio entre dos ramas. Mi cuidadora me
lavó la cara y me llevó de la mano. Cuando llegamos a la
puerta se detuvo para que yo recuperara la respiración. Me
introdujeron en la habitación, donde esperaba el Profeta
sentado en una cama de nuestra casa. Mi madre me hizo
sentar en el regazo de él. Entonces, los hombres y mujeres se levantaron y nos dejaron solos. El profeta consumó
el matrimonio conmigo en mi casa cuando tenía nueve
años".*

¿Cómo es que la divinidad, que es omniscien-
te, omnipotente, que todo lo sabe y todo lo ve,
no puede detectar la conducta pasada y futura de
quien ha elegido para ser su profeta? ¿Cómo ig-
nora que la cultura o costumbre de los pueblos
cambian y por ende, lo que antes era normal, por
ignorancia, ahora lo vemos como pedofilia, adulterio e inmoral?

¿Cómo la divinidad "revela" normas que ahora y siempre han estado por encima de los derechos humanos del hombre y los animales? (y de
las niñas)

Si bien es cierto que hay simpáticos fundamentalistas de todas las religiones, también es cierto
que hay códigos como el Corán que los instruye.

**Corán Cap. 47, 4**: *Y cuando tengáis un encuentro con los que se niegan a creer, golpeadles en la nuca; y una vez los hayais dejado fuera de combate, apretad las ligaduras y luego, liberadlos graciosamente o pedid un rescate. Así hasta que la guerra deponga sus cargas…"*

**Corán Cap. 22, 19**: *"[…] A los que no creyeron se les cortarán vestidos de fuego y se les derramará agua hirviendo sobre la cabeza.*

**Versículo 20.-** *Con ella se derretirán lo que haya en sus vientres y la piel.*

**Coran Cap. 8, 12** *"[…] Yo arrojaré el terror en los corazones de los que no creen. Por lo tanto golpead las nucas y golpeadles en los dedos".*

**Versículo 13.-** *Eso es porque se han opuesto a Allah y a su Mensajero* (o sea, Mahoma)… *es cierto que Allah es fuerte castigando.*

Los simpáticos fundamentalistas, se creen justificados y exentos de toda culpa ya que su norma es "inspirada por la divinidad" en su **capítulo 8,17** dice: "Y no los matasteis vosotros, Allah los mató, ni tirabas tú cuando tirabas, sino que era Allah quien tiraba.

Esto es palabra de Dios (Allah)

## I.6 El judaísmo

Como hemos visto, no es el judaísmo la primera religión. ni Jehová, su Dios, el primero. Pero sí es cierto, que esta es la que se ha convertido en un ícono de las religiones del mundo occidental y una gran parte del oriental. Desde luego; este "triunfo" de la Iglesia Católica y Protestante, ha sido "esfuerzo" de las tantas y tantas matanzas que para ello se han cometido; o sea, nos las impusieron a fuerza de sangre, espada y hoguera. Y, ahora, se han modificado los métodos y han sido los gobiernos los que se han prestado o negociado con la Iglesia Católica: como lo hizo por primera vez Constantino, para, sutilmente, privarnos de todo otro conocimiento que no sea el cristianismo.

La única base o fundamento que tienen los Judíos y Cristianos es la Biblia; obviamente, que esta no es un fundamento razonable ya que, a los creyentes se les está prohibido usar la razón, leer e investigar. Parece que Dios también los prefiere brutos.

Prueba de esta sin razón, es que no existe ningún otro dato, documentos, ni fósil ni objeto arqueológico que pueda por lo menos, inducir a avalar la teoría de que haya existido un arca, fósiles en el desierto, cruz, el arca de la alianza etc. Nada, no existe nada, tienes que creer sin analizar, sin investigar, sin pensar, sin nada. El siervo está hecho para eso y de esa ignorancia es que viven los pastores del Clero,… la Iglesia.

Pero, vamos a continuación a analizar, a razonar, a leer, los motivos terrenales que obligaron a que se escribieran los libros que conforman la Biblia y también como surgen las historias en ella contadas, como hemos estado haciendo hasta ahora.

Voy a permitirme rogarle, que analicemos sin pasión, sin prejuicio de ninguna índole, con frialdad de investigación. Ya que no debe parecer verdadera una cosa, solo porque se diga con elocuencia, ni falsa porque suenen descompuestas las palabras articuladas.

Como una ficción del subconsciente es recreada por el consciente a la realidad, así mismo, una realidad vivida por el consciente puede ser recreada por el subconsciente como una ficción.

La Biblia es un compendio de libros básicamente históricos, los cuales comenzaron a escribirse tres mil años después de los supuestos sucesos, esto es 539 años a.c. año en que Ciro II El Grande, conquistó a Babilonia y otorgó la liberación a los judíos.

La fuente que se utilizó para escribirla, fue la tradición oral. Tradición que se mantuvo por más de tres siglos; aunque otros historiadores como Flavio Josefo, dice que son cinco: desde la creación del mundo por Jehová, hasta que se comenzaron a escriturarse.

Vamos además a comparar, en este mismo apartado, los conceptos de bondad y misericordia; cualidades atribuidas al Dios creador de los cielos y de la tierra, con la noción humana de estos conceptos.

Antes de adentrarnos al mundo nebuloso de las sagradas escrituras para el católico cristiano, y para el judaísmo: La Biblia, que no me digan que a este texto no se le puede llamar libro; que no se interpreta cronológicamente; que son versos; que hay que estudiarla no leerla; que así o que asá. Pero, ¿es qué entonces, el señor inspirador, además de dejar un texto indescifrable, dejó en manos de la casualidad la organización de sus divinos escritos? ¿Es qué ignoraba que los hombres inferiores, a una recopilación de escritos, le íbamos a llamar libro, y que nos iba a hacer difícil entenderlo y qué los que "los han entendidos" han organizado cruzadas y quemas en la hoguera para los que no tuvieron la habilidad de entenderlo?

Para esto, y con el propósito de manejar la masa arrebañada, y asimilar a toda otra religión existente hasta el momento, prepararon todo un compendio escrito, introduciéndolo (por pura autoridad) como inspirado por su divinidad, esto es, por Dios, en cada caso o por cada religión, pues como hemos visto hasta ahora, y veremos más adelante, esta práctica de "relatos escritos divinos", "revelaciones" y demás "apariciones y milagros" se han usado a través de los años para manejar la ciega e ignorante masa pueblerina que, cual rebaño, cree en nada y en todo.

Al comenzar a comparar las principales sagradas escrituras de las religiones, nos damos cuenta que, es aquí donde comienzan a diferir unas de otras, pues mientras los cristianos en su Biblia dicen:

**Juan 14; 6**: *"Jesús le dijo: Yo soy el camino, la verdad, y la vida; nadie viene al padre, sino por mi."*

Los musulmanes dicen:

**Corán, Cap. 61; 6**: *"Y cuando dijo Isa (Jesús) hijo de Maryan (Maria) ¡Hijos de Israel! Yo soy el mensajero de Allah para vosotros, para confirmar la Torá que había antes de mí y para anunciar a un mensajero que ha de venir después de mí cuyo nombre es Ahmad* (Mahoma). Esto quiere decir, que ahora es a través de Mahoma y no de Cristo, que se llega al todopoderoso, según los musulmanes.

Pero dejemos eso atrás y comencemos como ellos dicen que comienzan las cosas.

Veamos: Al primer intento comienzan mal el relato, pues tenemos una figura frustrada, ya que con todas esas omni-atribuciones, cuando está creando (el génesis), crea un mundo donde hay debilidad (la serpiente pudo más que Eva, quien no se resistió), envidia (Caín), ignorancia ¿dónde está tu hermano?, mentiras (respuesta de Caín), asesinato (Caín mató a Abel), creo firmemente, que debió, en ese instante comenzar el diluvio ya, e iniciar de nuevo.

## La creación

En el primer día, (**Gene.1; 3**) Dios hizo la luz, y la luz quedó hecha, y dividió la luz de las tinieblas; a la luz le llamó día, y a la tiniebla, noche. Entonces, al cuarto día (**Gene 1; 14**) dijo Dios: haya lumbreras o cuerpos luminosos en el firmamento del cielo, que distingan el día y la noche; ¿pero, eso no la había hecho en el primer día?

En **Génesis Cap. 1, Ver. 27**, dice que: creó Dios al hombre a imagen suya: a imagen de Dios lo creó. Los creó varón y hembra, **vers. 28** y les echó Dios su bendición; en el **versículo 31**, del mismo capítulo, dice que eso fue el día sexto. Mas adelante en el **Capítulo 2; 1** "Quedaron pues acabados los cielos y la tierra, y todo el ornato de ellos, en el día séptimo reposó. **vers. 2;** Dijo el Señor Dios, que no es bueno que esté solo, hagámosles ayuda y compañía, formando los animales terrestres y todas las aves del cielo, y los trajo a Adán, **vers. 19**. Más luego, en el mismo **capítulo 2, vers. 22**, dice: Que de la costilla que había sacado de Adán formó el Señor Dios una mujer. Entonces, ¿a qué hembra se refería en el anterior **capítulo 1; 27**. en día sexto?

Continuando con los aspectos de la creación.

Crea unos humanos toscos, poco inteligentes y débiles, ya que la serpiente pudo más que Eva, quien no se resistió **Gene. Cap 3; vers. 6**… y cogió del fruto y lo comió y dio también de él a su marido quien también comió; dijo Eva: la serpiente me ha engañado, **vers. 13**.

## Ira y maldición

Y claro, como veremos más adelante, lo sangriento, esclavista, energúmeno y nada humilde que hicieron a ese Dios; y como muestra de esto, aquí tenemos la primera maldición que hubo en la tierra.

En el **Génesis capitulo 3, vers. 14**, oid esto de un Dios bondadoso: Para la serpiente, *"MALDITA TU ERES ENTRE TODOS LOS ANIMALES Y BESTIAS DE LA TIERRA"* Para Eva, quien también recibió, le dijo con mucha bondad: *MULTIPLICARE TU TRABAJO Y MI-SERIA, CON DOLOR PARIRAS LOS HIJOS;* y para Adán, lo maldijo de esta manera: *MALDI-TA* (parece que es su palabra favorita) *MALDI-TA SEA LA TIERRA POR TU CASA; CON GRAN FATIGA SACARAS DE ELLA EL ALIMENTO EN TODO EL DISCURSO DE TU VIDA. ESPINA Y ABROJOS TE PRODUCIRA* y demás impro-perios nada dignos de un Dios misericordioso, **Gene. 3; 16, -18**.

A propósito de misericordioso, ¿no sería este un buen evento, una buena ocasión, para, por ser la primera vez que tuvo la oportunidad, per-donar?, pues, dicen que si grandes son mis cul-pas, mayor es su bondad.

## Más ira

Por lo que Caín se irritó sobremanera y deca-yó su semblante. **Génesis 4; 5**

## Envidia, traición y asesinato

Dijo después Caín a su hermano Abel: "sal-gamos fuera." Y estando los dos en el campo, Caín acometió a su hermano Abel. Y lo mató.

## Mentiras

Le preguntó después el señor a Caín: ¿dónde está tu hermano Abel?, y respondió: No lo sé, ¿soy yo acaso guarda de mi hermano? **Gen. 4; 9**

## Más maldiciones

*MALDITO, PUES, SERAS TU DESDE AHORA SOBRE LA TIERRA, LA CUAL HA ABIERTO SU BOCA Y RECIBIDO DE TU MANO LA SANGRE DE TU HERMANO.* **Génesis 4; 11**

Según la redacción de la Biblia, los creadores del Señor Dios, lo ponen a capitular y admitir que había hecho un fiasco de mundo, con todo y su omnipotencia y sabiduría, se había equivocado, cual humanos que lo hicieron, **Génesis Cap 6; 5**, *viendo pues Dios mucha la malicia de los hombres en la tierra, y que todos los pensamientos de su corazón se dirigían al mal continuamente.* Pero, ¿se les había olvidado que lo hicieron omnipotente y que lo sabe todo?, ¿como hizo algo mal?

Le pesó haber creado al hombre en la tierra, **Gen: cap 6; 7**, *pues siento ya haberlo hecho*, pero, ¿cómo? ¿Y qué pasó con su gran capacidad para hacer mares y luces; y tierras, y firmamentos (**Gen 1;7**); y lumbreras y cuerpos luminosos; y animales de toda especie y vio que lo hecho está bueno (**Gene. 1;10**), nos hizo a imagen y semejanza de él, que es todopoderoso, omnipotente misericordioso y resulta que los *"corazones estaban llenos de iniquidades, que eran muy carnales"* (**Gene. 6; 3**).

## Misericordioso

Para seguir analizando, partiendo del concepto humano de la misericordia, y de la descripción de lo misericordioso por los creadores del señor Dios; estamos ahora en presencia del primer genocida que tuvo la humanidad: Dios, **Gen: Cap. 6, 17**, dice el señor *"Y he aquí que voy a inundar la tierra con un diluvio de aguas, PARA HACER MORIR TODA CARNE EN QUE HAY ESPIRITU DE VIDA DEBAJO DEL CIELO. TODAS CUANTAS COSAS HAY EN LA TIERRA PERECERAN." Y pereció toda carne que se movía sobre la tierra, de aves, de animales, de fieras, y de todos los reptiles, que serpentean sobre la tierra: LOS HOMBRES TODOS, y TODO LO QUE EN LA TIERRA TIENE ALIENTO DE VIDA TODO PERECIO. Y destruyó todas las criaturas, que vivían sobre la tierra, desde el hombre hasta las bestias [...] y no quedó viviente en la tierra.*

¿Está el señor Dios, arrepentido o no, de lo que había hecho? Ha reconocido, que lo había hecho mal, que se había equivocado.

**Gene. Cap. 19; 13**: *"PORQUE VAMOS A ARRASAR ESTE LUGAR (SODOMA y GOMORRA), [...] EL CUAL NOS HA ENVIADO (DIOS) A EXTERMINARLOS,*

**Gene. 19; 24-25**: *"Entonces el señor llovió del cielo sobre Sodoma y Gomorra, AZUFRE Y FUEGO por virtud de señor". ¿Virtud? Y ARRASO ESTAS CIUDADES, Y TODO EL PAIS CONFINANTE, los moradores todos de las ciudades, y TODAS LAS VERDES CAMPIÑAS DE SU TERRITORIO.* Esto es destrucción de Dios.

Ese Dios, no solo fue inmisericorde con LOS HOMBRES, sino, también con los animales y las plantas. Pero, ¿por qué este genocidio?; ¿por qué este hecho sangriento de lesa humanidad?; pero, ¿Cuándo este señor comenzará a perdonar, aun sea para dar ejemplo de bondad y misericordia?

¿Es qué no pudo haber otra forma que un simple humano pudiera entender (lo digo por mí, que no lo entiendo) para arreglar el asunto más diplomáticamente, y menos sangriento? Claro, yo no sería nada ni nadie para criticar lo sanguinario de este acto, por la divinidad; pero, sí me considero ser miembro de lo que quedó vivo, y puedo disentir de los creadores de la Biblia, en lo concerniente al concepto de misericordia.

Sin duda alguna, no ha habido una pandemia, una cruzada, ningún holocausto alemán ni argentino, ni dominicano; ni en ningún lugar y/o época en el mundo que haya superado tanta muerte humana, animal y vegetal, sobre la faz de la tierra.

Pero, sigue el relato de sangre, traición y extorsión; en este libro de libros, de donde las subsiguiente generaciones no han hechos más que copiar todos los actos de sangre y crímenes violentos; y, claro está, han quedado muy cortos.

**Violaciones sexuales**; como la que padeció Dina, hija de Lía, que el príncipe de aquella tierra. El señor Siquem, la secuestró y desfloró hasta desgarrar violentamente a la pobre niña virgen. **Gen. 34; 1,2**.

Seguimos buscando la primera parte o primer pasaje bíblico, donde el Dios de Abraham haga su primer acto de misericordia o su primer perdón, para entender, porqué lo llaman misericordioso. *Pero no aparece ni en parábolas, ni tan claro como los asesinatos y demás cruentos episodios.*

Más bien, sí encontramos actos de respaldo moral, como lo ha hecho con otros sátrapas contemporáneos como lo fue con el generalísimo Trujillo, en República Dominicana; o el otrora general de generales, Augusto Pinochet, en Chile, que les concedió una vida apacible, llena de lujos y placeres; así mismo le concedió a **Jacob**, que después de chantajear como un vulgar corrupto a su hermano Esaú, aprovechándose de la fatiga y del hambre de este, lo extorsionó para que, a cambio de pan y un plato de lentejas, le vendiera el derecho de su primogenitura. **Gen. 25; 30**. Para nada bruto, el Jacob, pues, téngase en cuenta que, para ese tiempo, la primogenitura significaba seguridad hereditaria: El rey era heredado por su hijo primogénito, y los padres, legaban todas sus propiedades a los suyos.

También fue **el mismo Jacob**, quien, en contubernio con su madre, Rebeca, **engañó** a su mismo papá, haciéndosele pasar por su hijo Esaú, ya que el pobre anciano estaba corto de vista, no lo iba a reconocer, y alevosamente disfrazado como su hermano Esaú, le dio el beso al igual que Judas posteriormente dio, para conseguir la bendición que solo al primogénito le está consagrado. Pero, que más dá, luego, Nicolás Maquiavelo dijo: que el fin justifica los medios.

Fue también **el mismo señor Jacob**, quien en un oscuro negocio, **engañó** al señor Labán, y por dicho engaño **fue expulsado como ladrón**, pero los hijos de aquel, que afortunadamente se dieron cuenta, dijeron: *"Se ha apoderado Jacob de todos los bienes que eran de nuestro padre, y*

*enriquecido con su hacienda, se ha hecho un señor podero-
so",* pero a todo esto. Y como dije más arriba, el
señor Dios, Jehová le dice al inquieto de Jacob:

*"Yo soy el Dios todopoderoso: crece y multiplícate,
naciones y muchedumbre de pueblos nacerán de ti, y reyes
saldrán de tu sangre, la tierra que di a Abraham y a Isaac,
a ti te la daré, y después a tu posteridad"*

¡Muy bien!!! **El engañó al padre, extorsionó al hermano, y robó a Labán**; y mere-
cía un premio. Eso es para ir entendiendo lo de
la misericordia.

Yo hubiese preferido a Esaú.

Jehová, el misericordioso, ha sido el único res-
ponsable e inspirador, para que el hombre haya
explotado al hombre necesitado, como esclavo.
Fue el señor bondadoso quien por primera vez
estatuyó, legisló, regularizó, o sea, reconoció la
esclavitud, (aunque ahora los cristianos quieran
"tirarle la toalla")

El señor bondadoso, especifica claras instrucciones de cómo manejar y castigar a los esclavos;
y, para que no se preste a mala interpretación,
distinguió claramente la diferencia, entre un
"hombre" y un esclavo. Veamos:

**En Exo. 21, 12** dice: *"Quien hiriere a un hombre,
matándolo voluntariamente, muera sin remisión."*

Nótese, como en este versículo, que se explica por sí solo, se aplica a la palabra hombre, el sentido general. Veamos ahora un próximo versículo del mismo capítulo.

**Versículo 20**. *"Quien hiera a palos a su esclavo o esclava, si muriere entre sus manos, será castigado."* Adviértase ahora, la diferencia de matar a un "hombre" y matar a un esclavo: mientras que para el primero, el que mate a un "hombre", *"Muera sin remisión" para el segundo (el que mate a un esclavo) solo será castigado.*

Queda bien entendido y claro, que para Jehová el bondadoso, el misericordioso; un esclavo no tiene el mismo valor que un "hombre común". Es pues… un objeto de diferente valor.

Más aún, en el siguiente **versículo 21**, *"más si sobreviviera en uno o dos días, no estará sujeto a pena, porque hacienda suya es".* ¡Por Dios! solo se le ha dado una misericordiosa paliza a un esclavo, ¿verdad Jehová?

**Primero**, queda claro, que si la paliza a palo que usted le dé a su esclavo o su esclava, no importa que lo deje en estado agónico; que le haya roto huesos, que, en el caso de la esclava, si está embarazada, la haga abortar, que a cualquiera de los dos, le haya sacado uno o los dos ojos con el palo; no importa en qué condición hubiesen quedado estos esclavos, en ningún caso NO HA-

BRA CASTIGO PARA EL AMO, porque él ha actuado con unos "objetos" de su propiedad, los cuales no son los mismos "hombres" de los que habla el versículo 20, más arriba citado;

**Segundo**, queda de manifiesto que, la ley del Talión, de ojo por ojo y diente por diente, no se aplica para todos los "hombres" con igualdad.

Por si le queda duda, querido lector, otra vez la diferencia explícita del señor misericordioso y bondadoso en lo relativo a lo que es un valioso hombre y un objeto sin valor como es considerado el esclavo:

En el mismo **Exodo Capítulo 21 versic. 24 y 25** dice: *y en general se pagará ojo por ojo, diente por diente, mano por mano, pie por pie, quemadura por quemadura, herida por herida, golpe por golpe.*

Ah!!!, pero en los versículos siguiente **26 y 27, del mismo capítulo 21**, se entiende, que si es un ojo de un esclavo o el diente de un esclavo o esclava el precio será otro: será dejarlo en libertad. Más claro de ahí no canta un gallo.

Esto es obra de Jehová, ese señor bondadosamente esclavista, al que ahora los cristianos, tratan de justificar los actos sangrientos del viejo testamento dicen: que Dios no dijo lo que dijo, cuando dijo lo que dijo.

## Sangriento

La psicología moderna pone mucho interés en ciertas conductas de algunos individuos a quien le guste el olor a sangre, que le guste ver sangre por doquier.; en su lugar de trabajo. Un profesional de psicología cuestionado al respecto, explicó, que estas personas podrían querer matar a alguien, les gusta la maldad; presentan un "cuadro clínico" esquizofrénico, psicópata; en fin, que representan peligro en el futuro.

Por no hacer esta observación, a este patrón de conducta del señor Jehová, es que la humanidad ha pasado por las pérdida de muchas vidas de forma sangrienta.

Este patrón de conducta, debió prevenir todos los crímenes de lesa humanidad cometidos por los imitadores representantes de Jehová todo poderoso, misericordioso, bondadoso, y sangriento.

Jehová, gusta de la sangre, su olor, verla regada por todas partes, derramarla, en todo lo que tenga que ver con su presencia. Eso lo podemos ver en los artículos siguientes: la sangre, a solicitud expresa del señor que todo lo puede y todo la sabe.

En el libro de **Levítico, Cap. 1** y siguientes, El señor Jehová, llama a Moisés para darle instrucciones de cómo presentarle a él (a Dios) las ofrendas: **Cap. 1, 5** *"[...] los sacerdotes hijos de Aarón ofrecerán* **la sangre, y la rociarán sobre el altar***, la cual está a la puerta del tabernáculo de reunión."*

**Cap. 1; 9.**-, *y lavar con agua los intestinos y las piernas, y el sacerdote hará arder todo sobre el altar; holocausto es, ofrenda encendida de* **olor grato para Jehová.**

**Cap. 11**; *"y lo degollará al lado norte del altar delante de Jehová; y los sacerdotes hijos de Aarón* **rociarán su sangre sobre el altar alrededor."**

**Cap. 15**; *"[...]y* **su sangre será exprimida sobre la pared del altar."**

**Cap. 3; 8**, *"pondrá su mano sobre la cabeza de su ofrenda, y después la degollará delante del tabernáculo de reunión; y* **los hijos de Aarón rociarán su sangre** *sobre el altar alrededor.*

**Cap. 4; 5**, *"y el sacerdote y un equipo, dá* **la sangre del becerro, y la traerá al tabernáculo de reunión."**

**Cap. 6**, **"y mojará el sacerdotes su dedo en la sangre y rociará de aquella sangre siete veces delante de Jehová, hacia el velo del santuario"**

**Cap. 7**. *"pondrá esa sangre sobre los cuernos del altar* del incienso aromático" [...] *y echará el resto de la sangre* del becerro al pie del altar del holocausto."*

## Muerte

Siguiendo con la comparación del concepto humano de "misericordia", "perdón", y bondad del señor Jehová; veremos más actos no propios o distantes de estos conceptos.

**2 Reyes, 9; 30**, *"[...] y cuando Jezabel lo oyó, se pintó los ojos con antimonio, y atavió su belleza, y se asomó a una ventana [...] y él les dijo: échenla abajo, y ellos la tiraron desde la ventana,* **y parte de su sangre salpicó en la pared,** *y en los caballos; y él la atropelló"*. **34** *"entró luego, y después que comió y bebió, dijo: id ahora a ver aquella maldita, [...]"*

**Números 15; 32 - 36**: *aconteció, estando los hijos de Israel en el desierto, que hallaron a un hombre que estaba cogiendo leña en día de sábado [...]"35, "[...] y dijo el señor a Moisés: Muera sin remisión ese hombre: mátelo todo el pueblo a pedradas [...]"* **Cap. 36** *"y habiéndolo sacado afuera, lo apedrearon"*. El hombre, al recibir varias pedradas al mismo tiempo, le produjeron contracción en sus coyunturas, provocándole pérdida del equilibrio y cayendo de bruces al suelo, convirtiéndolo en presa fácil para los enviados del señor que lo apedreaban.

Las pedradas en todo su indefenso cuerpo y cabeza, producían magullones en su piel y roturas de huesos; tantos impactos a la vez, causaron hemorragia externa e interna por lo que perdió el conocimiento y, muy lentamente la vida. *"Y quedo muerto tal cual como había mandado el señor".* (ni pedradas más, ni pedradas menos) alabado sea el nombre del señor.

## Más muertes

**Números Cap. 16, 35** *"Además de esto, un fuego enviado del señor abrasó a los doscientos cincuenta hombres que ofrecían el incienso".*

**Cap. 47.**-"Haciendo así Aarón, y corriendo al medio de la multitud, a la cual devoraba ya el incendio, con quemaduras más graves que abarcan todas las capas de la piel (epidermis y dermis) en todo su espesor. También afectaron el tejido adiposo (grasa), nervios, músculos e incluso huesos. Con frecuencia se observaban áreas carbonizadas en la piel o se ponían de color negra o deshidratada, de aspecto blanquecino. Asimismo, le acompañaban de dolor intenso principalmente alrededor de las quemaduras con daño a los nervios de todo su cuerpo, ojos, cuero cabelludo... **Cap. 49.**- *Los muertos fueron catorce mil setecientos hombres, sin contar los que perecieron en la sedición de Coré."*

Si grandes son mis culpas, mayor es tu bondad.

**Números 25; 4.** *"[...] y Jehová dijo a Moisés: Toma a todos los príncipes del pueblo, y ahórcalos ante Jehová delante del Sol [...]"* **9.-** *"y murieron de aquella mortandad veinticuatro mil."*

**Números 31; 1, 9, 14, 22.-** *Habló después el señor a Moisés diciendo: " tomad primero venganza (porque, claro está, Jehová es un dios vengativo) de lo que han hecho a los hijos de Israel los madianitas, ... 7.- "[...] Mataron a todos los varones."*

**Vers. 9.-** *"Saquearon a las mujeres y niños y de todos los ganados y de todos los muebles; saquearon cuanto pudieron haber a las manos".*

La venganza del señor que todo lo puede, incluía saqueo (como los vándalos) pero no importa, era para venganza del señor. Como se puede ver en el **vers. 22**, con el descarado título de *"repartición del botín"*.

**Números 31.- 14** *y enojado Moisés contra los jefes del ejército por haber dejado vivos a los inocentes niños y las indefensas y débiles mujeres.* **15.-** dijo: (preste atención a esta parte por lo de misericordiosa) ***¿Cómo es que habéis dejado con vida a las mujeres?*** **17.-** (se pone peor) ***" Matad pues a todos cuantos varones hubiere, aun a los***

***niños*** (amen) ***y degollad a las mujeres que han conocido varón.***" ¡Aleluya!

Supongo, que en el sermón de los domingos, al leer esto, como también está en la Bilblia, se podría decir: "Esto es palabra de Dios, te alabamos señor"

Sin tomar receso, seguiremos viendo más muertes.

**2 Reyes; 10,17**, *"y luego que Jehú hubo llegado Samaria, mató a todos los que habían quedado de Acab en Samaria, hasta exterminarlos, conforme a la palabra de Jehová, que había hablado por Elias".*

De las tantas interpretaciones, que se le ha dado a unas de las muchas ediciones de la sagrada Biblia (ya que cada secta tiene su propia Biblia a su justa medida y justamente "inspirada"), es la que ha hecho Moisés a los diez mandamientos:

Resulta que, cuando Moisés baja del monte Sinaí con las tablas que contienen los diez mandamientos, "escrito de puño y letra del mismísimo Dios" **Exodo 32; 15, 16**

En los cuales, unos de ellos (los mandamientos), dice: "No matarás", y "oyendo el tumulto de gente que lo esperaba y que estaban adorando a otras divinidades, que no eran Jehová," entre rabietas, patadas y maldiciones (eso de las maldiciones lo había aprendido ya de Jehová) reventó las tablas contra el suelo (en la cual, uno de los mandamientos decía "NO MATARAS") y por orden expresa del misericordioso, y piadoso, **Exodo 32, 27** "Esto dice el señor Dios de Israel: *Ponga cada cual la espada a su lado, Pasad y traspasad por medio del campamento desde una a otra puerta, y cada uno mate aunque sea al hermano, y al amigo y hasta al vecino. "Perecieron en aquel día como unos veintitrés mil hombres" y mujeres y niños* **Exodo 32, 28**. el mismo día que baja con el mandamiento de no matarás.

Busca la bendición de Dios, el te la dará.

Vengo para decirte, que, la interpretación que –entiende Moisés– debe hacerse del mandamiento no matarás, es que: no matarás a todo aquel que está en consonancia contigo, o sea, que si tú simpatizas por un equipo de pelota y tu vecino no, mátalo; si a tu vecino no le gusta tu comida favorita, mátalo; si no adora a tu Dios, mata a tu vecino, a tu hermano, y tu amigo (**Exo. 32,28**) ¿Eso mismo hicieron los cristianos en el período de la santa inquisición y las cruzadas, a los que no practicaban sus creencias?

# Capítulo II

La Biblia según Moisés

# La Biblia según Moisés

*Dame una historia real… y te haré un libro, el mejor libro, el libro de los libros.*                *Moisés (supongo)*

Vamos a ver en síntesis, la última versión del Antiguo Testamento, a manera de refrescar la memoria a aquellos que solo saben lo que los pastores y obispos leen en los sermones o eucaristías.

3,000 años a.c. Dios, la tierra y los cielos, Adán y Eva; Caín y Abel; Lamec hijo de Caín, Noé hijo de Lamec, diluvio, y torre de babel;

Abraham, hijo de tare; "y dijo el señor a Abraham: *"Sal de tu tierra, Ur y de tu parentela, y de la casa de tu padre, y ven a la tierra que te mostraré. Y yo te haré cabeza de una nación grande, y he de bendecir y ensalzaré tu nombre y tú serás bendito"* **Gen.12, 1,2.**

Destrucción de Sodoma y Gomorra con azufre y fuego. Todas estas ciudades, y todo el país, sus moradores y las verdes campiñas, y todo esto, "por virtud de señor" **Gen.19; 24,25.**

Abram (ahora Abraham), padre de Isaac; Jacob hijo de Isaac; ladrón junto con Raquel, (**Gen.31;19**) hija de Labán, dijo que Dios había tomado la hacienda de Laban, y se la había dado a él (a Jacob) **Gens. 31; 9.** Solo que a Dios se le olvidó decírselo a Laban, pues, este, cuando lo supo a los tres días, salió a perseguirlo **Gen. 31;23**

Jacob (ahora Israel), padre de doce hijos que son las 12 tribus de Israel; uno de ellos llamado Judá, que hacía vida alegre con prostitutas (**Gen. 38;15/18.**) cuya tierra ocupada llamó Judea de donde descienden los judíos.

Otro de los hijos de Israel, José, es llevado a Egipto como esclavo; se convierte en funcionario del faraón y trae a su padre Israel, los once hermanos y toda su familia para Egipto.

"Los hijos de Israel se multiplicaron y aumentaron como las yerbas […] llenaron al país" (**Exodo 1; 7.**) Un nuevo rey notó este crecimiento y advirtió a su pueblo que oprimiera a los israelitas para que no se sigan multiplicando, y que no sobrevengan en guerra contra Egipto, *"se agreguen a nuestro enemigo, y después de habernos vencido y robado, se vayan de este país."* Aborrecían los egipcios a los hijos de Israel, y además, los oprimían y los insultaban. (**Exo. 1; 9- 14.**)

El Rey ordenó al pueblo echar al río todos los niños de los hebreos que nacieran.

(**Primera matanza de niños inocentes, permitidas por Jehová**, por salvar a su pueblo. Quedaría sobre entendido, que esos niños, no eran hijos de Dios). Se salvó uno, Moisés. Este, cuando grande, mató un egipcio y tuvo que huir del pueblo para, después de comunicarse con el mismo Dios de Abraham, de Jacob, y de Isaac; volver y rescatar a los suyos de las esclavitud.

Como ayuda a este propósito de Moisés, Dios le dijo que los hebreos tintaran con sangre sus puertas (siempre la sangre) y que *"oirán un clamor grande en todo Egipto"* (**exo.11; 6**), (ha de suponerse, que ese desgarrante "clamor" fue producido por todos los niños, en el momento que Dios, **por segunda vez permitía más muertes de niños inocentes**). (la Biblia no dice si fue uno por uno o todos a la vez) sin perdonar a hombre ni a bestia. *"Y ha solemne fiesta"* de todos estos crímenes de generación en generación (sinceramente creo, que aquí se le fue la mano a los redactores del sangrado libro)

Ahora los cristianos (como siempre, sin saber), celebran las fiestas de pascua, como acto conmemorativo a este pequeño holocausto de todos los niñitos que el señor bondadoso no escatimó en asesinar a cambio de su pueblo elegido.

¿Por qué Dios no optó por ablandar el corazón del faraón para que dejara salir al pueblo de Israel, y así, evitar matar todos los niños, "desde el hombre hasta las bestias y ni siquiera los perros se salvaron"? ya que el sí pudo *Endurecer el corazón de los egipcios para que vayan en persecución vuestra"* **Exo.14,17**

Moisés sale al desierto con su pueblo; divide al Mar Rojo con su vara; los Israelitas pasan a pie y Dios no les da tiempo para cruzar al ejército Egipcio quedando atrapados en las aguas rojas.

Tres meses tenía Moisés con el pueblo de Dios en el desierto. Y él dijo -a Moisés- *"dile, que se acuerden de lo que les hice a los egipcios"*.

Y para que la gente crea en Moisés le dijo también, *"estén preparados para el día tercero: porque el día tercero descenderá el señor a la vista de todo el pueblo [...]"* (**Exodo 19;11**) más adelante el relato bíblico dice: (**Exodo 19; 21**) *"le dijo: Baja e intímale al pueblo a que no se arriesgue a traspasar los límites para ver al Señor [...]"*

En fin Dios, después de decir que, *"a vista de todo el pueblo"*, amenazó: *Todo el que llegare al monte morirá sin remisión* (su pueblo); *ha de morir* (su pueblo) *apedreado o asaeteado;* (O sea, a él le da igual) *ya fuera bestia, ya hombre perderá la vida; por cuyo motivos*

(que lo vean o suban al monte Sinaí) *vengan a pere-*
*cer muchísimos de ellos* (los de su querido pueblo); *no*
*sea que le castigue de muerte* (a los de su pueblo, por
su puesto); *solo Moisés y Aarón podrán subir al monte,*
*pero los sacerdotes y el pueblo no subirán o les quito la*
*vida.* (**Exodo 19**).

Al pueblo, no le quedó más remedio que creer
sin subir, porque de lo contrario… y lo peor de
todo esto es que hasta el día de hoy todavía lo
están creyendo.

## Deuteronomio Cap. 6; 2,13

2.- «Para que temas a Jehová tu Dios, […]»

13.- «A Jehová tu Dios temerás, y a él solo
servirás, y por su nombre jurarás.

Como podemos ver, la idea del pueblo hebreo fue crear un Dios cruel, asesino, impiado-
so, que no le importara matar a cualquiera, ya
hombre, ya bestia (como lo hizo, de acuerdo a
las escrituras) con tal, no de que le amaran, sino,
de que le temieran, aún tengan que imponerlo a
sangre y espada y hogueras…y lo lograron; Hasta nuestros días.

Continuamos con lo sucedido según la Biblia.

Moisés bajó del monte Sinaí; nadie había
visto nada. Traía las tablas con los diez manda-

mientos de la alianza y con otras leyes, de cómo darle palos a los esclavos sin penas para el amo, etc. (**Exodo 21;20.21**). Ese fue el día que mandó a matar 23,000 hombres, como dijimos anteriormente; y después de haberlos muertos, le pide a su Dios que los perdone (a los muertos), ¿Eso fue burla o cinismo? **Exo. 32, 27-19**

Y así, vagando por el desierto, murió Moisés, después de cuarenta años de asesinatos y saqueos a las demás tribus circundantes (**Num. 31, 9**). Pero su hijo Josué, con burros que hablan y todo eso, (**Num. 22, 30**) cruzó el Jordán con el pueblo de Israel, hacia la ciudad de Canaán, la tierra prometida por el señor.

Vamos a detenernos un poco para examinar la toma de Canaán.

Podríamos esperar, ya que Jehová es todo misericordioso y bondadoso, que la toma de Canaán se hizo mediante una ceremonia donde hubo la rotura de una cinta inaugural; con brindis de vinos y otras actividades festivas; para que su pueblo elegido, Israel, tomara posesión de la tierra prometida en una forma pacífica y decente. O que, el pueblo de Israel, se apersonó a la ciudad de Canaán y otras ciudades circundantes, que también Dios le había prometido, y les dijeron:

*"-señores cananeos, por favor necesitamos, por mandato de nuestro Dios Jehová, ocupar ya nuestra tierra, que son estas que ustedes están ocupando actualmente. Lo lamentamos, pero ya tenemos muchos años desandando en el desierto, y queremos nuestras tierras. Miren, aquí están las escrituras donde se demuestra que Jehová nos las prometió. ¿Qué tiempo ustedes necesitan para abandonar estas sus propiedades, donde han fabricado sus casas, han establecido su familia por muchos años y tienen sus ganados? Y los cananeos y demás habitantes de tierras aledañas, también prometidas, le respondieron: "-cooomo no, perdón por los inconvenientes, nos los hubieran dicho antes, ¡caramba!, ¡qué pena!, cuando ustedes quieran pueden tomar posesión de ellas por favor"*

Pero no, ese no es el estilo del Jehová, misericordioso, ¡que va!!! ¿Y qué pasa con el derramamiento de sangre y torturas, que es su estilo original?

La toma de Canaán y Jericó, y demás tierras prometidas en *las que llueve leche y miel,* se hizo de la siguiente manera:

Por orden expresa de Dios: *"matas a todos los moradores de Canaán[...] desmenuzad las estatuas, destruye toda su cultura religiosa."* (**Num. 33; 52**);

## Deuteronomio Cap. 7; 1

1.- «Cuando el señor Dios tuyo te introdujere en la tierra que vas a poseer, y destruyere a tu vista muchas naciones, al heteo, y al [...]»

## Deuteronomio Cap. 20; 16-17

16.- «Porque en las ciudades que se te darán en la tierra prometida, no dejarás alma viviente;»

17.- «Sino que a todos sin distinción los pasarás a cuchillo; es a saber, al heteo, y al amorreo, al cananeo [...] como el señor tu Dios te le ha mandado»

Esto es palabra de Dios. Te alabamos (por tus crímenes) señor.

Y así lo hicieron, *"pasaron a cuchillo a todos los habitantes que habían en la ciudad, hombres y mujeres, niños, y viejos; matando hasta los bueyes y las ovejas, y los burros"*

(**Josué 6;21**) pero ¿por qué los pobres burros y bueyes?.

*Quemaron toda la ciudad* (**Josué 6,24**) *y todo cuanto en ella había, menos el oro, la plata, ni los muebles de cobre y hierro,* (ah!! el saqueo otra vez) (lo prometido cumplido). Distribuyen la saqueada ciudad "prometida", entre cada una de las doce tribus de Israel. Juda, tomó su parte que llamó Judea y a sus habitantes, judíos quienes cimentaron sus creencias en el judaísmo y a sus escrituras las llamaron la Torá (la ley). La que los cristianos lo denominan Antiguo Testamento.

**Jusué 8, 1**. Dijo después el señor a Josué: *No temas, ni te acobardes; toma contigo toda la gente de guerra,...* **2.** *"Y tratarás a la ciudad de Hai y a su rey como trataste a Jericó"*

**8,22** Porque al mismo tiempo los que habían tomado e incendiado la ciudad... *Comenzaron a acuchillar a los "enemigos [...]"* (para obras del señor), (¿y por qué eran enemigos?) *que de tanta muchedumbre, ninguno pudo salvarse.* **8, 25** *Los que perecieron en esta jornada entre hombres y mujeres –y por supuesto niños-, fueron doce mil.–* esto es palabra de Dios.

**Josué 8, 27**, *"Más las bestias y demás botín de la ciudad, se lo repartieron entre si los hijos de Israel, como el señor se lo había ordenado a Josué".*

Bien, además de la tierra, la leche y la miel; las propiedades de los cananeos estaban incluidas en el paquete prometido. (**Josué 8,27**)

Para salvar su reputación, a Jehová, lo que más le conviene, es que no exista.

De ser así, esto sucedió 2,000 años a.c. Como dijimos antes, lamentablemente no hay ningún documento ni fósil ni restos arqueológicos ni restos del Arca ni del tabernáculo ni armas ni utensilios ni nada que sostenga estos acontecimientos divinos.

Todas estas historias se comenzaron a escribir en el 721 a.c. El pueblo judío exiliado en Babilonia comenzó a organizarse religiosamente, recogiendo relatos orales que datan de 3,000 años atrás: de su antepasados y de cómo se formó el mundo; así, los escribas y los maestros hicieron "La Torá" dándole forma definitiva a "las Sagradas Escrituras" (la Biblia).

Comparemos paralelamente los hechos bíblicos, amparados solo por la tradición oral, que podrían ser ficticios; con los hechos históricos reales, amparados por una avalancha de pruebas palpables y convincentes, las cuales iremos proporcionando oportunamente.

Por un lado, se desprende de la Biblia y lo repite Jerónimo, uno de los traductores autorizado del libro sagrado, que la existencia del mundo tenía a la sazón 6,000 años.

El historiador de la época, contemporáneo de Jesús, el Cristo, dice expresamente en su crónica titulada *Autobiografía*[2], "la existencia del mundo abarca 5,000 (cinco mil) años, y aclara: fecha que va desde la creación del mundo hasta Moisés, 3,000 años, y desde Moisés hasta la época de Josefo, 2,000 años". Ahora eso suena un poco ridículo ¿no?

---

2- Flavio Josefo, autobiografía. Editora Gredos, Madrid, 1994. Pág. 175.

Se les puede perdonar a los humanos escritores y traductores de la Biblia, e incluso, al historiador Flavio Josefo; cualquier desconocimiento científico, sobre todo, lo que no estuviese inventado; pero para el conocedor de todo, como se le atribuye al omnisapiente Jehová, no se puede perdonar que desconozca el milagroso descubrimiento de la datación con el carbono 14; que es un método para estimar la edad de la materia orgánica, como de la madera, del cuero, etc. Y el método de la termo-luminiscencia, para determinar la fecha de la última cocción de materiales cerámicos; estos permitirían descubrir, que para el momento que se escribía la Biblia, nada más la raza humana como tal, tenía 40 millones de años (paleolítico) representado por el homo sapiens. Así como también, se podría demostrar que la raza humana como especie, tiene más de 6 millones de años. Esto queda evidentemente demostrado por los cientos de fósiles encontrados desde el primer cráneo del austrolopithecus llamado Lucy, con más de 3 millones de años.

Como muestra, un solo botón. En la misma ciudad de Jerusalén, en el Wadi el-Mughara, lugar de cuevas prehistóricas, se descubrieron esqueletos que datan de la era paleolítica, esto es, 2.5 millones de años antes de "Adán y Eva"

Si a estos datos agregamos las eras triásica de 210 millones de años, es mucho decir del desconocimiento del todopoderoso inspirador de las escrituras sagradas.

Un siervo creyente cuestionado al respecto dijo que: "eso fue Dios quien puso esos fósiles para probar nuestra fe".

Pero, dejemos estos términos técnicos, para no hacer de este texto un cuerpo complejo y de difícil entendimiento a los siervos creyentes, y pasemos a analizar los acontecimientos desde "el génesis" o "la creación" del mundo, hasta el año número 5 mil en que se escribió "por inspiración divina": la Biblia.

# Capítulo III

Lo que realmente sucedió

# Lo que realmente sucedió

Será fácil entender, por los cristianos y judíos, que el año I (uno) de acuerdo a la Biblia, fue el de la creación del cielo y la tierra **Génesis 1,1;** y, que esta tierra llamada paraíso, estaba ubicada entre los ríos Tigris y Eufrates. (**gén. 2,14**).

Lo que divide la historia de la prehistoria, se llama civilización. Y esta, a su vez, aparece cuando los pueblos dejan la barbarie, la vida de nómadas, la caza y otras costumbres sedentarias.

Muchos millones de años de la existencia del hombre, y, solo 5 mil años antes de escribirse la Biblia, surgen, en la parte sur **de la tierra comprendida entre los rios Trigris y Eufrates,** (**Gén. 2,14**) la llamada Mesopotamia, (tierra entre dos ríos), (actual sur de Irak) Los sumerios (sur- meso), un pueblo en transición de civilización: crearon núcleos urbanos; incorporándose a la agricultura y la cultura. Hacen aparición de diferentes clases sociales; se crea la escritura. En fin, nace la ciudad cuna de la historia, cuna de la civilización.

Siendo la religión de los sumerios la parte más importante, pues eran sus sacerdotes los que tenían el control de la distribución de los alimentos, y otras organizaciones del recién creado pueblo; esta será la parte que analizaremos más detenidamente, **resaltando con negritas y subrayados los nombres, lugares y acontecimientos que coinciden con el relato de la Biblia.**

Surgen también, otras ciudades y pueblos aledaños a Sumeria, entre ellas la más importante lo fue la ciudad de *UR*. Que, atraídos por la organización en la agricultura, y por más alimento que solo podría encontrarse en la urbe; se mezclan entre los habitantes sumerios creando **gran confusión entre sus lenguas** (Gén. 11, 7), costumbres y religiones.

Los sumerios creían que el mundo estaba gobernado por **seres inmortales y con poderes sobrehumanos**. Estos seres controlaban el universo con leyes pre-establecidas: el dios del Cielo, dios del Agua, dios de la Tierra y dios del Aire. Además, tenían otras deidades como el dios del Sol y dios de la Luna; **a quienes les cons-**

**truyeron grandes templos** (como el gran Zigurat) **en los que se celebraban ceremonias regidas por varios sacerdotes**, y se les ofrecían sacrificios diarios.

Claro está, que estos sacrificios se abolieron cuado por fin notaron que, precisamente esos elementos naturales y astros, eran independientes y no respondían a las peticiones por las cuales se sacrificaban hombres y mujeres; saliendo el sol y la luna, y los desbordamientos de los ríos y toda las fuerzas de la naturaleza, cuando era su tiempo o más bien, cuando le diera la regalada gana y no por que hayan sacrificado a quién sabe cuantos humanos.

El Propósito de **los monumentos escalonados y altos, era acercar a los soberanos o sacerdotes a los dioses y que estos (los dioses), puedan descender hacia los que les adoraban** (**Gén. 11,4**) no fue la torre de Babel, como dijo Moisés.

Creían además, (los sumerios), que la creación del hombre fue obra del dios Enki, por que los otros dioses se lo impusieron, y una vez creada la matriz, se le encomendó a Nammu, madre del cielo y de la tierra, que regara sobre la tierra arcilla de donde aparecerían todos los hombre, o sea, **que los hombres habían sido hechos de barro** (**Gén. 2,7**)

Los escritos sumerios marcaron la pauta para crear las grandes religiones que conocemos: el Judaísmo, el Cristianismo, el Hinduismo y el Islam.

Entre los avances destacados en la importante **ciudad de Ur**, es imprescindible mencionar la escritura. Siendo a esta ciudad a la que le debemos el documento escrito más antiguo que hasta ahora haya existido: **La epopeya de Gilhamesh.** Data de 3,300 años antes de la Biblia. Es un poema extenso que forma la tradición épica del pueblo sumerio. Se trata de la narración escrita más antigua que existe hasta nuestros días

Relata la aventura del rey Gilgamesh y Enquidú; donde desciende a **los dioses del cielo y de los infiernos, matan a un gigante y es donde primero se habla de mortalidad e inmortalidad.**

Como se trata de un poema extenso, los resumiremos para ahorrar tiempo y espacio, solamente mencionaremos las partes -como lo hemos estado haciendo- que coincidan con el libro de inspiración divina, la Biblia.

*Cuéntase en esta epopeya que nuestro héroe Gilgamesh, dos tercios (2/3) de él son dios y un tercio (1/3) es humano..."* ***Tú, Arurú, creaste el hombre; crea ahora su doble,*** *Gene con su corazón tempestuoso haz*

*que compita. ¡Luchen entre sí, para que Uruk conozca la paz! Cuando Arurú oyó esto, un doble de Anú en su interior concibió. Arurú se lavó las manos,* **Cogió arcilla y la arrojó a la estepa. Y creó al valiente Enkidú.** *"* (**Gén. 2,7**)

**Cuando este hombre, Enkidú, cohabitó con una ramera... "La ramera abrió la boca diciendo a Enkidú:" "Come el alimento, Enkidú, porque es deber de vida: consume la bebida fuerte, porque es costumbre de la tierra" "Enkidú comió el alimento, hasta que se hubo saciado; "despreocupado, se hizo talante, alegre, frotó la excrescencia velluda. Se hizo humano se puso vestidos" "No era como antaño, tiene sabiduría, más amplia comprensión"** (**Gén. 3, 6, 7**) **Eva, la manzana, Adán.**

*Gilgamesh, junto con su amigo Enkidú, después de luchar con un temible toro que descendió de los cielos, y por lo que a Enkidú le sentenciaron a muerte. Lo que apenó mucho a su amigo Gilgamesh.*

*Nuestro protagonista, después de llorar y lamentarse por la pérdida de su amigo, recorre por todos los países, atraviesa montes abruptos, cruza todos los mares en busca de el inmortal Utnapishtim, para que le dé el remedio de la inmortalidad.*

*Cuando Gilgamesh llega hasta Utnapishtim, le pregunta: "¿Dime, cómo te sumaste a la asamblea de los dioses, en tu busca de la vida? Utnapishtim dijo a él, a Gilgamesh: "Te revelaré, Gilgamesh, una materia oculta y un secreto de los dioses te diré: Suruppak -ciudad que tú conoces y que en las riberas del* **Eufrates** *está situada- Esa ciudad era antigua como lo eran los dioses de su interior, cuando sus corazones impulsaron a los grandes dioses a suscitar* **el dilubio**. *...***Escucha! ¡Pared, vibra! Hombre de Suruppak, hijo de Ubar-Tutu, demuele esta casa, construye una nave*** (Gén. 6:14) ***...Abordo de la nave lleva la simiente de todas las casas vivas.*** (Gén. 6:19-20) ***El barco que construirá sus dimensiones habrá que medir. Igual será su amplitud y su longitud*** (6:15), ***Bueyes maté para la gente y sacrifiqué ovejas todos los días*** (Gén. 6:21),

***Cargué en él cuantos seres vivos tenía, toda mi familia y parentela hice subir al barco.*** *(*Gén. 7:7-8 ***Las bestias de los campos, las salvajes criaturas de los campos,*** (Gén. 7:13-16), ***El mar se aquietó, la tempestad se apaciguó, el diluvio cesó.*** (Gén. 8:1-2) ***y Abrí una escotilla y la luz hirió mi rostro.*** (Gén. 8:6) ***...En el monte Nisir el barco se detuvo*** (Gén. 8:4) ***Al llegar el séptimo día, envié y solté una paloma, La paloma se fue, pero regresó: Puesto que no había descansadero***

*visible; volvió. Entonces envié y solté una golondrina. La golondrina se fue, pero regresó; puesto que no había descansadero visible, volvió. Después envié y solté un cuervo, el cuervo se fue y viendo que las aguas habían disminuido, come, se cierne, grazna y no regresa.* (**Gén. 8:7-10**) *Entonces dejé salir todo a los cuatro vientos y ofrecí un sacrificio* (**Gén. 8:19-20**), *Los dioses olieron el sabor,* (**Gén. 8:21**),…

*A esto Enlil subió a bordo del barco cogiéndome de la mano, me subió a bordo, subió mi mujer a bordo e hizo que se arrodillara a mi lado. De pie entre nosotros, tocó nuestras frentes para bendecirnos: "Hasta ahora Utnapishtim fue tan solo humano, en adelante Utnapishtim y su mujer serán como nosotros: dioses…Así me cogieron y me hicieron residir lejos en la boca de los ríos...*

**Esto es sin precedentes. La historia del arca de Noé. Es una copia fiel de este poema épico, que existió 3,000 años antes, en la tierra de Ur, de donde "salió Abraham".**

Aquí termina el relato de Utnapishtim, pero no el poema de Gilgamesh. Remito, a los queridos lectores y siervos, al museo británico, donde se encuentran los originales de esta valiosísima pieza; o, con un simple click en su computador, podrán leer in-extenso el texto citado.

Este relato, copiado casi textualmente, 3,000 años más tarde; se nos ha dado a conocer como el libro del génesis.

No es lo mismo contar una historia, obviamente, después de pasado lo sucedido, que, cuando hay que contar esos mismos sucesos aparentando que la historia se está desarrollando, hay que tener mucho cuidado de no decir, por ejemplo: El almirante Cristóbal Colón, salió de España para descubrir a América.

Lo dicho anteriormente, es con relación a lo sucedido a continuación, por los inspirados redactores de las sagradas escrituras.

Es decir, que la historia habría que contarla de la siguiente manera:

Alguien, posiblemente, de nombre Abraham, debido al hambre y la situación bélica de la ciudad de Ur, ubicada entre los ríos Tigris y Eufratés; organizara una banda de hombres los cuales salieron a " buscar fortunas", en tierras lejanas sin un destino determinado.

Llevando consigo, su cultura religiosa, más arriba mencionada.

El supuesto Abraham y los demás compañeros de infortunio, se dedicaron a asaltar todas las comarcas o pueblos que se les atravesaran por delante, y desde esos pueblos, se les agregaban al grupo algunos hombres, hasta llegar a ser todo un pueblo nómada llamados Semitas, o los Hicsos, que se convirtieron, de acuerdo al historiador de la época, Flavio Josefo[3], en una oscura raza de invasores, quemando despiadadamente las ciudades que asaltaban.

Donde este grupo nómada quiso asentarse por primera vez, y apropiarse del pueblo conquistado, fue en el Bajo Egipto. A mediado del siglo XVII antes de que se escribiera la Biblia.

Los Hicsos, o Semitas -que en lengua egipcia significa gobernantes extranjeros- impusieron sus dominios mediante conquista militar.

Estudiosos egiptólogos, calculan que esos dominio sobre este país, duraron, más de cien años, tiempo más que suficiente, para agregar a las costumbres religiosas arrastradas desde su país de origen, otros mitos y costumbre que adquirieron en Egipto.

## Los Diez Mandamientos

En lo que concierne a nuestro estudio, entre las costumbres egipcias más solemnes, estaba el ritual mortuorio; esto consistía en preparar sus

---

3- Flavio Josefo, idem

muertos para el viaje final. Entre otros ritos y ensalzamientos con perfumes y aceites, se pesaba su corazón en la balanza de los dioses frente a Osiris, el dios de los muertos, y cuarenta y dos dioses justicieros, que representaban los "42 pecados que cometen los hombres". En el interrogatorio que se le hacía al muerto, el difunto debía pronunciar lo que se llamaba la confesión negativa ante Thot. El muerto debía justificarse con 42 declaraciónes de inocencia ante los 42 jueces del tribunal mortuorio. Estas declaraciones, se escribían en las paredes de las pirámides y luego, se pasó al papiro, por lo que se le llamó: "El libro de las pirámides o libro egipcio de los muertos." El cual se le ponía a los difuntos, junto con otros ajuares.

De estas declaraciones, solamente mencionaremos las que los inteligentes hebreos tomaron para hacer "La tabla" de Moisés con los diez mandamientos que Jehová supuestamente le dictó en el monte Sinaí.

Art. 125 del mencionado Libros de los Muertos. (2,500 años antes que se escribieran las "Sagradas Escrituras")

1.- Egipcio.- **¡Oh Acusador, originario de Utjenet! No transgredí mi condición (hasta el extremo) de encolerizarme contra dios**.

1.- **Moisés Exodo 20**, Amarás a Dios sobre todas las cosas.

2.- Egipcio. **¡Oh Regidor de los hombres, que sales de tu residencia! No blasfemé contra dios Oh In-dief, que sales de la Necrópolis! No calumnié a dios en mi ciudad."**

2.- **Moisés, Exodo 20, 7.** No tomarás el nombre de Dios en vano.

3.- Egipcio: **¡Oh El de los dientes blancos, que sales de El Fayum! No transgredí Nanada.**

3.- **Moisés Exodo 20, 8**, Santificarás el Sábado.

4.- Egipcio: **¡Oh Tem-sep, que sales de Busiris! No insulté al rey.**

4.- **Moisés, Exodo 20, 12:** Honrarás a tu padre y a tu madre.

5.- Egipcio: **¡Oh El de rostro terrible, que sales de Re-stau! No maté a ninguna persona.**

5.- **Moisés, Exodo 20, 13**, No matarás.

6.- Egipcio: **¡Oh El que mira lo que trae, que sales del templo de Min! No forniqué**

6.- **Moisés, Exodo 20, 14:** No cometerás adulterio, no fornicarás.

7.- Egipcio: **¡Oh Devorador de sombras, que sales de la caverna! No robé.**

7.- **Moisés, Exodo 20 15:** No robarás.

8.- Egipcio: **¡Oh Pálido, que sales de Heliópolis! No fui hablador.**

8.- **Moisés, Exodo 20, 16;** No levantarás falso testimonio contra tu prójimo.

9.- Egipcio: **¡Oh Uarnernty, que sales de la sala del juicio! No tuve comercio** (carnal) **con una mujer casada.**

9.- **Moisés, Exodo. 20, 17:** No desearás la mujer del prójimo…

10.- Egipcio: **¡Oh Nariz divina, que sales de Hermópolis! No fui codicioso.**

10.- **Moisés, Exodo 20, 17:** No codiciarás los bienes ajenos.

Otra de las 42 confesiones que también nosotros estamos copiando en este trabajo, dice:

**¡Oh El de rostro vuelto, que sales de la Tumba! No fui depravado ni pederasta.**

Pero, para suerte de la Iglesia católica, Moisés no lo copió.

Como hemos podido ver, ha sido una vil mentira y engañifa todo esto de las tablas sagradas y demás revelaciones. Pero, los siervos/ ciegos/ creyentes, no se atreven a abrir un libro, y ni siquiera algo tan simple como buscar en ¡google! ya que los curas y pastores prohíben usar la razón.

Sería bueno comentar uno por uno los diez mandamientos y su vigencia actual, pero es insuperable el trabajo presentado por el Maestro Fernando Savater, en su libro *Los diez mandamientos en el siglo XXI.*

Le llegó el tiempo al "pueblo de Dios" de que lo sacaran de Egipto. Cuando un rey consiguió expulsarlo del territorio definitivamente. (Los hebreos llamaron a esta expulsión, el éxodo)

Pero, otra vez, al estudiar la historia Egipcia, (5,000 años de historia) y visitar sus museos y cualquier otro museo del mundo, no hemos encontrado ningún vestigio arqueológico del éxodo ni siquiera en las pirámides, ni en ningún otro monumento.

Esta salida (o éxodo) dio lugar a que, de nuevo el pueblo de "Moisés", volviera a su actividad de saqueo y pillaje (**Núm. 31, 9,**"…*Saquearon cuanto pudieron haber a las manos."* **11**, *"y tomaron los despojos* *y todas las cosas que pillaron, tanto de hombre como de bestias") claro, el señor misericordioso se los había pedido* (**Núm. 31, 1**).

Posiblemente sea cierto, que la ruta que tomaron cuando eran perseguidos por el ejército egipcio, fue hacia el sur, por el desierto de Sahara; que era la ruta tradicional de mercaderes y salteadores; y si en el hipotético caso que estuvieran en el monte Sinaí, entonces, no es cierto que pasaron por el Mar Rojo.

Cualquier siervo/ciego, si se atreviera a mirar el mapa, observará, que la ruta tomada fue la del ahora llamado canal de Suez, que es por donde se iría al monte Sinaí, o por otro lago de la región, como el Sirbonís o el Gran Lago Salado. De nuevo, no "engorremos" este trabajo, con planteamientos y términos muy técnicos, para que no se preste a "malas interpretaciones" o, lo que sería peor, a ninguna.

En todo caso, con monte Sinaí o no; con los diez mandamiento traídos desde Egipto; con la historia del Génesis y la del arca de Noé, arrastrada de su ciudad de origen Ur; y con atropellos a todos los pueblos que en su camino encontraron y de la misma forma que hicieron en Egipto; este grupo de hombre hebreos-israelitas, se lanzaron a tomar la región de Palestina, comprendida por las ciudades de Canaán, Jericó, Hai, y los que vivían en las montañas, y en la costa del Mar Mediterráneo, los que habitaban junto al Líbano, el Heteo, Amorreo, el Cananeo, el Ferezeo, el Heveo y el Jebuseo; todos quemando estas ciudades, pasando por la espada a sus habitantes, para ocuparla como si fueran sus legítimos dueños.

Y así, todos los pueblos masacrados, saqueados, quemados, asaltados y asesinados por el "pueblo elegido" del Señor misericordioso, reunido bajo un mismo rey, posiblemente de nombre Saul, adquieren el nombre de Jerusalén, 1,300 años antes de que todavía se escribiera la Biblia.

Entre otras razones que mantuvo el pueblo de Jerusalén dividido con luchas internas de origen militar, estaba la religiosa. Grupos de disidentes con otras creencias trataron de practicar sus religiones, pero los pastores y curas o profetas de mayor poder e influencia con los reyes, entre ellos: Elías, Eliseo y Amós; se encargaron de "convencer" a los israelitas de volver a los principios del desierto, de volver a la sangre de Jehová.

Otros pastores o curas, que en ese tiempo se les llamaban profetas, los cuales condenaban también a todos los que no les daban la razón; a todos los que no estuvieran de acuerdo con ellos; comenzaron a producir escritos en lo que incitaban o más bien, imponían el temor a Jehová mediante sangrientos relatos, que son los que hemos comentados en este trabajo, y más adelantes veremos como se recopilaron y se formó lo que hoy, usted querido lector, conoce como la sagrada Biblia.

598 años antes de Cristo y solo 200 antes de que recopilaran los escritos subversivos por los curas (profetas) de ese tiempo, Nabucodonosor II, rey de Babilonia, destruyó a Jerusalén. Los habitantes fueron llevados presos a Babilonia; otros pudieron escapar para Egipto y a otras partes de Palestina; pero los más importantes de los exiliados, eran los que estaban deportados en Babilonia.

Dirigida por un cura judío posiblemente de nombre Ezequiel, se organizó la diáspora, que era un grupo de exiliados con fines religioso para reunir el pueblo disperso (diáspora) en un solo lugar para hacer oración, incentivar que se siguieran escribiendo historias sangrientas y que crearan temor a alguien (Jehová). Que recogieran por escrito las tradiciones orales milenarias: las experiencias en Egipto, los asaltos y saqueos que sus antepasados habían cometido, en fin, todos los escritos que pudiera mantener el pueblo de los judíos unidos y atemorizados a la vez.

Debido a este movimiento grupal creado por Ezequiel, este fue elegido gobernante de Judea, cuando 539 años antes de cristo, Ciro II el Grande, conquistó a Babilonia y otorgó la libertad de los judíos. Más de cuarenta mil regresaron a Palestina.

Como se ha de esperar, Ezequiel, como gobernador, impuso una teocracia; siendo las normas religiosas las que servían como ley y constitución de ese "Estado". Ya no había para donde ir con respecto a las creencias religiosas. El pueblo de Palestina no tenía otra opción: se creía o se creía, en Jehová.

Con la organización del pueblo judío, se organizó también el aspecto religioso, con estrictas doctrinas y una jerarquía sacerdotal muy poderosa. Se impuso la Ley, (La torá) o el Pentateuco, formado por todos los escritos de sangre, saqueo, y tradiciones a las que ya hemos hecho harta mención, y que fueron escrituradas a lo largo de más de miles de años; lo que podríamos llamar "La sangrada Biblia" a la que los cristianos le han dado un estricto uso y seguimiento, con la implementación de las guerras cruzadas y la santísima inquisición.

Ahora bien, ahí no paran las cosas. Además de las divisiones político-religiosas, internas existentes en Palestina; había más en lo interno, una intensa división de intereses entre los religiosos que se diputaban la cercanía a Jehová; para determinar cuales de los escritos eran interesadamente "inspirados" por Dios y cuales no.

Para resolver este divino problema, se procedió como se procedería en el más burdo partidito político de nuestros países: Los que respondían a los intereses de los jerarcas o dirigentes fueron "inspirados" por el creador, y los que no, fueron calificados de apócrifos y no incluidos en la recopilación del escrito llamado Biblia. En consecuencia, la selección se hizo de la siguiente manera:

1.- Cuando faltaban 586 años para que naciera Cristo (586 a.c.) el rey era Ciro II, El Grande, nombró como príncipe de Judá y gobernador de Jerusalén, a su hombre de confianza, Zorobabel, él escribió y su libro fue divinizado para entrar a las sangradas Escrituras.

2.- Ageo, fue el séquito de la corte del príncipe Zorobabel, quien también escribió y por estar muy de cerca del poder jerárquico, también fue "inspirado por Dios".

3.- Luego, toca a Ezequiel, quien fue nombrado alto ejecutivo de Judá (gobernador)con rango de Secretario de Estado, sus escritos fueron "divinos" por lo que se escogieron y ahora los tenemos como uno de los libros de la sangrada Biblia.

4.- Así mismo, Nehemías fue un muy cercano colaborador del rey de Persia, Artajerjes I, nombrado también gobernador, ya faltando 465 años para que naciera Cristo (465 a.c.) coincidencialmente, el Señor lo inspiró para que escribiera y sus escritos, por supuesto fueron coincidencialmente también, elegidos para formar parte de las sangradas escrituras.

El señor Nehemías, (profeta) en la reconstrucción de la ciudad de Jerusalén, dio la orden de cerrar las puertas de la ciudad, para evitar que se trabajara y se comercializaran mercancías en sábado, (**Nehemías 13,19**) día del descanso celestial, y además, a todos los que encontró trabajando, los maldijo, los azotó, les arrancó los cabellos y los hirió (**Nehemías 13,25**) o sea, como lo volvieron a hacer con las cruzadas y la inquisición. Era de forma forzosa que había que admitir que ellos tienen la razón, y que es obligatorio seguir a Jehová.

5.- Esdras, fue el escriba de Nehemías, y quien también escribió y se divinizaron sus escritos con fines de canonizarlo.

Pero no solo fueron estos los escritos que recogen los libros proféticos, además, existieron: narrativos, relatos didácticos, leyendas festivas, cuentos populares, poéticos y hechos de la vida común; los cuales, no todos gozaron de la influencia jerárquica de la "revelación divina" para ser incluidos en la sangrada Biblia, y fueron llamados apócrifos.

Esto es con relación a la inspiración divina, que dio lugar a la primera versión de la Biblia hebrea llamada Septuaginta; por que el Señor Jehová, había inspirado a 70 ancianos para la recopilación y selección de un canon común.

Más tarde, Jerónimo (los hombres aquí en la tierra lo hicieron santo), fue "inspirado" también para hacer una traducción al latín, llamada la Vulgata. Esta inspiración incluía incorporar más libros inspirados también a la iglesia católica; pero, que al mismo tiempo, inspiró a otro grupo de protestantes, los cuales inspiradamente tienen otra sangrada Biblia sin los libros que a la iglesia católica se le había inspirado introducir.

Los libros inspirados a la católica fueron: Judit, Sabiduría, Tobías, Eclesiastés, Baruc, 1 y 2 Macabeos, Ester y Daniel.

Realmente, todo esto resulta muy inspirador.

En resumen, tenemos libros y Biblias inspiradas, de todos los colores y sabores, para todos los gustos.

Es evidente que, habiendo tantas versiones y más de 399 religiones, ninguna podría sustentar de manera irrefutable la teoría de la creación del universo por obra de la divinidad.

Asimismo la ciencia, si damos por cierto su teoría del origen del universo que tenemos ahora, el Big Band. Esta teoría llega por retroacción a un punto muerto, a la nada.

Ahora, es el momento de filosofar, y preguntarnos, ¿y antes de la nada? ¿Qué? ¿nada? ¿Se creó la nada de la nada o alguien creó la nada?

A todo esto, los más reconocidos pensadores dicen que *"el yo no existe"*; David Hume.

*"La existencia de los hombres se caracteriza por la nada"*, Jean Paul Sartre;

*"debe haber una mente en la que existan todas las ideas, un omnipresente espíritu infinito, a saber, Dios, que lo percibe todo"*, George Berkeley;

Y por último en esta mención, el gran filósofo francés, René Descartes, dijo en su cuarto método de su discurso: *Cogito, ergo sun, (pienso luego existo)*. Cabe aquí preguntarle al señor Descartes:

Sí, usted piensa, luego existe, ¿y luego? ¿Cuál es el fin de su existencia? O más bien, ¿después de haberse hecho ese gran descubrimiento, de que existimos, cuál es el próximo paso? Yo no creo que sea seguirle los pasos a un señor que está por allá en las alturas y manda a matarnos (como hermanitos) unos con otros; yo no creo que sea, dejar morir de hambre a tus hermanos en el olvidado África, dar la espalda a los hermanos colombianos. Más bien creo que, debemos buscar la solución alternativa para el fin que persiguen los hermanos de la ETA, y las guerrillas de Colombia de una forma pacífica. Ni tampoco creo, termino diciendo, que esas soluciones estén por las alturas, sino por aquí en nuestro entorno terrenal.

De haber otro Dios, o el mismo Jehová o Alá, o Brahma o quien sea, yo me ofrezco a ser su profeta o representante aquí en la tierra y el universo, pero con una condición: que no me mande a matar a nadie, ni en la hoguera, ni con espada, ni con ningún método; que no me mande a darle pedradas a nadie, que no me mande a sacrificar animales; que no me premie con la gloria por poner bombas en los aviones.

Que me pague él directamente (trabajaré para él) para no pedirle el diezmo a esos pobres infelices que, de seguro necesitan más que tú

Dios misericordioso. ¿Por qué ellos tienen que pagar, si es tu propósito? Además, recuerda, tú no nos diste a elegir si queríamos estar aquí y bajo estas condiciones; fue tu idea.

Estoy en disposición, de dar mi vida para salvar el mundo del hambre, de políticos y policías corruptos; de ayudar con la salud, educación; o cualquier otro mal que se me encomendara resolver, pero eso si, que realmente se resuelvan; porque creo que el sacrificio de Cristo, fue un intento fallido.

¿Por qué el hombre no deja ya de buscar quién o de dónde venimos, toda vez que esto interrumpa en el desarrollo de la humanidad? Pero ¿qué aportaría esta verdad?, ¿que aportaría el eslabón perdido, para la comprensión y la equitativa distribución de la riqueza de la tierra, que realmente traería la tan deseada paz mundial?

Bien podría la religión decir, que si aceptáramos su teoría y el hombre se arrepintiera, se lograría una buena equidad o una paz mundial. Pero, ¿a caso han sido los ateos quienes han ordenado las grandes guerras? ¿No han sido acaso, los más creyentes en el Dios todopoderoso, los que han ordenado las quemas de millones de seres humanos? ¿No son los políticos los que más profesan la fe en Dios, y sin embargo, mantienen los pueblos en la más absoluta pobreza?

Lograríamos una verdadera paz mundial, practicando la teoría del prójimo. Lograríamos una verdadera equidad mundial, agradeciendo y retribuyendo a la naturaleza, partiendo de donde estamos, no de donde venimos.

Las religiones se ha empeñado en separar o guerrear con la ciencia, sin embargo, debemos agradecerle a la ciencia, que es la que nos ha curado de las enfermedades; a los científicos y no a los pastores o rabinos, los que han aportados soluciones a los problemas de los fenómenos naturales, que, aunque no se hayan podido evitar aun, estamos más avanzados que la Iglesia.

En caso de enfermedad, o cuando necesitamos una operación, cuando nuestras esposas están embarazadas, cuando ocurre un accidente; no es a las iglesias que se recurre para que los curas, con oraciones, resuelvan estos problemas de salud (por decir solo estos tipos de problemas), es en manos de la ciencia, es a los hospitales a donde vamos. No es a las iglesias tampoco, que vamos a comprar medicamentos.

A la Madre Naturaleza podríamos agradecerle por habernos creado, o si se quiere, retribuirle todas las cosas bellas que nos ofrece: Una luminosa puesta de sol, un bello amanecer, un lindo lago, un hermoso río y sus meandros; Preciosos y espontáneos jardines primaverales; las bellas aves con sus cantares y coloridos plumajes; los no menos lindos colores otoñales con sus amapolas color amapola, pues nada las iguala; el admirable color que torna el maple en otoño, comparable con el vino burgundy; y un sin más de hermosuras que nos llaman a preservar el medio ambiente, y contribuir cumpliendo con las indicaciones tendentes a evitar el calentamiento global, para preservar ese gratis bienestar, esa gran casa de todos y para todos que es nuestro universo.

# Capítulo IV

## La Evolución

# La Evolución

## IV.1 En qué consiste la evolución

**D**espués de analizar la teoría de la creación del universo, defendida y sustentada por las religiones, corresponde el turno a la teoría de la evolución, respaldada por la ciencia.

Esta teoría sostiene el origen del hombre o el universo, de una manera espontánea, evolutiva, paso a paso.

Como característica principal de esta teoría, tenemos que, a los científicos que la han mantenido a través de todos los años, no se les han atribuido ningún crimen o asesinatos, para fines de que se crea o no, en la evolución.

Toda la humanidad está, altamente agradecida por el soporte a la supervivencia que, de forma indispensable nos ha aportado la ciencia. No por eso debemos: primero, ciegamente darle la razón a la teoría que presentan respecto al origen del hombre (no temas, pues, de no estar de acuerdo con ellos, no lo llevarán a la hoguera, ni lo pasarán por espada.); y segundo, exigirle a la ciencia, que se enfoque un poco más en los problemas terrenales y que pongan como segundo plano las cosas de allá arriba.

Tenemos enfáticamente que advertirles a los científicos, que con el costo de un viaje al planeta Marte, se podría cubrir, por todo un año la hambruna de los niños en Africa.

Muy probablemente, sería de mayor beneficio (o por lo menos de inmediato), tanto para la humanidad como para saciar el ego de la ciencia, el reto de hacer apta para su explotación agrícola, la gran cantidad de terreno desértico que tenemos aquí abajo (Esto se podría hacer sin tomar una nave espacial).

## Al punto

Con el descubrimiento de Charles Robert Darwin (*el origen de las especies por medio de la selección natural* en 1855), demostrado más tarde por *las leyes de hibridación,* de Gregor Joham Mendel, 1866, que trata de *los principio de la transmisión hereditaria de las características físicas;* y estas leyes, científicamente comprobadas ya en el siglo XX, con el nacimiento de *la Genética moderna* gracias a William Bateson, en el 1906; hemos visto que las religiones han llevado al mundo a un callejón sin salida, de donde, ni ellas mismas saben qué inventar para sacarnos.

A todos estos hallazgos científicos, hay que agregar los fósiles y restos humanos, encontrados por todo el mundo y que, gracias a la datación y la estratigrafía, hemos determinado los 5,000 millones de años de la tierra, que prueban la existencia del hombre; no de forma, manera y tiempo en lo que todas las religiones han dicho, como veremos más adelante.

Theodor Schwann y Matthias Schleiden en 1839 instauraron la teoría celular, estableciendo que todo ser vivo esta formado por una célula. –O sea, todo ser vivo está formado por células–. Sabemos que la célula es una unidad con vida propia, capaz de producir y reproducirse; contiene ARN/ADN, la sustancia hereditaria de los genes; enzimas y otras proteínas. *Las proteínas*, entre todos los compuestos químicos, son las más importantes, pues son las sustancias que "dan vida". *Todo proceso biológico depende de la presencia de esta sustancia.* Son también llamadas: macromoléculas y están formadas por aminoácidos, y los aminoácidos están formados por carbono y estos contienen energía.

Hasta aquí estas simples definiciones básicas, que se pueden obtener de cualquier libro de química que, por elementales, no valen la pena citar.

Podemos hacer un gráfico de lo antes expuesto así:

**CELULA = PROTEINAS =AMINOACIDOS = CARBONO= ENERGIA**

*"En lo fundamental, todos los animales, las plantas y los microbios están formados por las llamadas sustancias orgánicas. Sin ellas la vida es inconcebible. Por eso, la etapa inicial del origen de la vida debió ser la formación de esas sustancias. La producción del material básico que más tarde habría de servir para la formación de todos los seres vivos."*

*"Lo primero que distingue a las sustancias orgánicas de las demás sustancias de la naturaleza inorgánica, es que el carbono se encuentra como elemento fundamental en su composición"* [4]

En el 1922, el científico Ruso, Alesandr Ivanovich Oparin, publicó un tratado en que explica en forma clara, paso por paso lo antes expuesto. Sostenía que: "El carbono arrojado por los volcanes se combinó con vapor de agua, formando hidrocarburos [...]"

___
4- Alexandr Oparín. El origen de la vida, Océano, 2004. México. pág. 65

El señor Stanlery Miller, se inspiró en la teoría de los científicos, Harold Urey y Alesandr Oparín; para recrear el medio ambiente que existía hace 3,800 millones de años.

En el 1951, Stanlery Miller, después de leer los escritos de Harold Urey, premio nobel de química del 1934; y de Alexandr Oparin; hizo construir un aparato sencillo, realizó un experimento simple y exitoso: Mezcló vapor de agua, metano, amoníaco e hidrógeno; que eran, según Urey y Oparín, los gases que estaban presentes en la atmósfera terrestre, hace 4 mil millones de años. Simuló tormentas eléctricas, produciendo descargas de 60,000 voltios, para sustituir las radiaciones ultravioleta existentes en aquel momento.

En la mañana siguiente, notó que el agua del aparato estaba rosada. La analizó cuidadosamente. ¡ENCONTRO AMINOACIDOS!!!, LA SUSTANCIAS DE LA QUE ESTAN HECHAS LAS PROTEINAS. Con esta prueba, se avalaba el trabajo de Alexandr Oparin.

Todos estos experimentos, fueron nuevamente comprobados, apenas en el 1980, por investigadores franceses.

Pero, un momento querido lector, esto no quiere decir, que el aminoácido encontrado por

Stanlery Miller, lo vamos a meter en una incubadora, y al cabo de un mes, tendremos un bebé y le estaremos dando leche en biberón; le prepararemos alimentos para bebé; y al cabo de 2 años más, le pondremos la mochilita en la espalda y lo mandaremos a la escuela. No, por lo menos, no tan rápido.

Visto más de cerca, hubimos de esperar millones y millones de años para que la sustancia orgánica fabricada por Stanlery, que fue la misma que se formó millones de años atrás, pasara por otras transformaciones o evoluciones, y que las condiciones ambientales fueren propicias para el hombre de hoy; y entonces si, alimentar y mandar el bebé a la escuela.

Como la tierra tiene más de 5,000 millones de años de su formación, hubo de esperarse más de 1,200 millones de años para que se dieran las condiciones que Miller recreara; para entonces, en el medio ambiente ya había: dióxido de carbono, metano, amoníaco, pero no había oxígeno, que el hombre de hoy sí lo necesita. Los flujos de rayos ultravioleta, llegaban sin ton ni son, a nuestro planeta, Pues, no había capa de ozono que lo impidiera.

En este ambiente atmosférico, en las charcas de agua o en el océano, sí se creó nuestro bebé;

un organismo rudimentario de células. Pero, aguante el biberón, todavía no es hora de alimentar a nuestra criatura.

Después de este "alumbramiento" en el que nuestro bebé, vio la luz en su agradable ambiente propicio para él, se podría promediar, en aproximadamente 250 mil millones de años, el período en que cada proceso de evolución apareciera de la forma que sigue:

El primer paso evolutivo tuvo lugar 300 mil millones de años, en el período llamado Proterozóico. Fue: algas; y otros tantos millones más, evolucionó en crustáceo y trilobites.

En otros períodos llamados Cámbrico, Ordovícico; Silúrico y Devónico; de la era Paleozoíca, y separadas, como ya dijimos, por millones de años, nuestro bebe evolucionó a peces, cordados (comenzó a tener huesos).

No solo nuestro bebé tuvo evolución, sino, que, nuestro planeta tierra también. Esto debido a que, como todavía no había oxígeno en nuestra atmósfera, nuestra pequeña criatura resolvía este problemita mediante un proceso que llamamos fotosíntesis. El cual consistía en aspirar el dióxido de carbono existente y liberar oxígeno. Esta forma de vivir sin oxígeno se llamó anaerobia (contrario a lo que hacen las plantas en la

noche, por lo que se hace peligroso tenerlas en 
las habitaciones). Esto a su vez, tuvo su efecto en 
el medio ambiente, ya que este oxígeno era acumulado en las piedras hierros. Ahora, el niño es-
peró 2,000 millones de años para que el hierro se 
oxidara (todo saben que hierro más oxígeno, es 
igual a óxido), y una vez saturado todo el hierro 
a la intemperie, el oxígeno comenzó a quedarse 
en la atmósfera, tal cual hasta ahora lo conocemos y lo necesitamos.

Este oxígeno acumulado en la atmósfera, nos 
proporciona la capa de ozono, y esta impide que 
los rayos ultravioleta del sol, traspasen a nuestro 
hábitat, dando más espacio y habitabilidad en 
nuestro globo terrestre para que la evolución si-
guiera inteligentemente su curso, bien conocido 
por nuestros contemporáneos por muy siervo, 
ciego y creyente que sean. Pues bien; esto mismo 
fue lo que sucedió.

Ya, con esta evolución de nuestro planeta 
tierra, con oxígeno y menos rayos ultravioleta, 
surge otra Era: la mesozoico; en los períodos: 
Carbonífera, Pérmico, Triásico, Jurásico (como 
la película: *Jurassic Park*) y Cretácico. Nuestro 
evolutivo bebé sigue su curso en; Plantas terrestre, anfibios, insectos, reptiles, dinosaurios, mamíferos, aves, plantas con flor y placentarios.

A esta fecha, han pasados muchos años, y el bebé que naciera igual al que el señor Miller recreara, todavía faltándole, 65,000 millones de años, sigue su lento proceso de evolución, pasando ahora, en la Era Cenozóica, del período llamado Terciario, a la forma de ungulados, mamíferos marinos y carnívoros. Y ya faltando 35,000 millones de años para nuestra Era, evolucionó en verdaderos primates.

Ahora, después de 35,000 millones de años, en que surgieron los primates, ya en el período Cuaternario de nuestra época, solo aproximadamente, un millón de años le tomó a nuestro bebé, pasar de los primates, cuya especie se divide en Prosimios, y de estos descendieron los antropoides (nuestros directos antepasados)

Estos homínidos o australopitecos, tátara, tátara (y muchos tátaras) abuelos nuestros, son los que conocemos como: simios bípedos, porque comenzaron a caminar en dos patas (o pies).

Tuvieron su mayor concentración en Africa, luego se trasladaron a Asia, después a Europa y hace apenas, 60,000 a 35,000 años aparecieron en América; listo ya para tomar su primer biberón de leche.

Solamente los "peores ciegos", no pueden ver la realidad de estos sucesos y descubrimien-

tos que a los verdaderos científicos de la ciencia 
le competen, y no aceptan discusión de anticientíficos quienes no han estudiado al respecto.

Aunque este libro no es un ensayo de ciencia, porque quien escribe no es científico, sino un 
humilde investigador, los datos aquí expuestos, 
han sido hartamente comprobados por científicos que, ni las más santas instituciones anticien-
tíficas inspiradas por el que todo lo sabe y todo 
lo hace y todo lo ve, se atreven a contradecirle, 
para no hacer el ridículo como, ya muchas veces 
han hecho.

## IV.2 La oposición de la Iglesia

La batalla a favor del **oscurantismo y la 
ignorancia**, librada por los anticientíficos de 
las iglesias; los han llevado a cometer actos de 
atropello contra los más destacados personajes 
científicos y contra los más elementales razona-
mientos, y descubrimientos de la ciencia.

Mientras, la ciencia se dedica a investigar y 
hacer descubrimientos positivos para el buen vivir de la humanidad; la santa iglesia, ha mantenido una cruzada de sangre y asesinatos para 
impedir, y cuando no, ocultar esas investigacio-
nes (y a los investigadores), provocando con esta

anacrónica conducta, el sufrimiento de nuestra raza; y todo esto solo por defender el 10 por ciento en diezmos, que nuestros fieles creen estar moralmente obligados a "dar".

Vamos a ver unos ejemplos de los intentos fallidos que la iglesia ha hecho, y que como tiene que ser, han tenido que pedir perdón, quedando en ridículo frente a sus fieles y al mundo.

## IV.2.a.- Galileo Galilei

Matemático, astrónomo y físico, considerado el fundador del método experimental; desde los 25 años, llegó a dar conferencias de matemáticas en Pisa; posteriormente, pasa a la Universidad de Padua, como profesor de matemáticas. En el 1609 desarrolla el telescopio astronómico con una lente convergente y otra divergente. Con este instrumento descubre manchas en la superficie de la luna y en la superficie del sol; descubre la faz del planeta Venus, cuatro satélites de Júpiter y demostró que la Vía Láctea está compuesta por estrellas.

Este científico, físico y astrónomo; escribe un libro titulado *Diálogo sobre las Mareas;* en el que ampliaba la hipótesis que ya había establecido Tholomeo y Copérnico; se demuestra que el Sol estaba quieto, y que la tierra no era el centro del mundo y que esta (la tierra), se movía de este a oeste.

Inmediatamente, el laboratorio de anti-ciencia de la Iglesia, inspirado por el divino creador sabelotodo, lo acusó de "sospecha grave de herejía"; por sostener y creer una doctrina falsa y contraria a la divina santa escritura; se le acusaba de estar en contra de "la verdad emitida por Dios."

Se desprende entonces, que era de conocimiento de Jehová, y que, en las sangradas escrituras se establecía: *que la tierra no se movía y era el centro del universo.*

El científico, fue obligado a maldecir los errores que había cometido en contra de la iglesia católica y apostólica que, a juicio de ellos, sí tenían razón en cuanto a que la tierra no se movía.

El padre de la ciencia, Galileo Galilei, quien descubrió las leyes de la caída de los cuerpos y el movimiento de los proyectiles; fue obligado a arrodillarse frente a los anticientíficos religiosos y darles la razón a ellos con el siguiente juramento:

*Yo, Galileo, hijo del difunto Vincenzo Galilei, florentino, de setenta años de edad, compareciendo personalmente como acusado ante este tribunal y arrodillado ante vosotros, eminentísimos y reverendísimos señores Cardenales Inquisidores Generales, contra la depravación herética a lo largo y a lo ancho de toda la comunidad cristiana, teniendo ante mis ojos y tocando con mis manos los Santos Evangelios, juro que he creído siempre, y que creo ahora, y que, con la ayuda de Dios, creeré en el futuro, todo lo que sostiene, predica y enseña la santa Iglesia Católica Apostólica Romana.*

*Pero en vista de que, después de habérseme intimado judicialmente por este Santo Oficio el mandato de que yo debía abandonar por completo la falsa opinión de que el Sol es el centro del mundo y está inmóvil y de que la Tierra no es el centro del mundo y se mueve, y de que yo no debía sostener, defender o enseñar de ninguna manera, verbalmente o por escrito, dicha falsa doctrina, y que después de habérseme notificado que dicha doctrina era contraria a las Sagradas Escrituras, escribí e imprimí un libro en el cual discuto esta nueva doctrina ya condenada, y presento argumentos grandemente convincentes en su favor, sin presentar ninguna solución de ellos, he sido declarado por el Santo Oficio como vehementemente sospechoso de herejía, es decir, por haber sostenido y creído que el Sol era el centro del mundo e inmóvil, y que la Tierra no era el centro y que se movía.*

*Por lo tanto, deseando quitar de las mentes de sus Eminencias y de todos los fieles cristianos la vehemente sospecha justamente concebida contra mí, con sincero corazón y no fingida fe, yo abjuro, maldigo y detesto los antedichos errores y herejías y, en general, todo otro error, herejía y secta que sea en absoluto contraria a la Santa Iglesia, y juro que en el futuro nunca más diré o afirmaré, verbalmente o por escrito, nada que pudiera dar ocasión a una sospecha similar con respecto a mí.*

*Pero, si llegara a conocer a cualquier hereje o persona sospechosa de herejía, lo denunciaré ante este Santo Oficio o ante el Inquisidor y Ordinario del lugar donde yo pudiera estar. Más aún, juro y prometo cumplir y observar en toda su integridad todas las penitencias que me han sido o que me serán impuestas por este Santo Oficio.*

*Y, en el caso de que contraviniera (¡que Dios no lo permita!) cualquiera de estas mis promesas y juramentos, me someto a todas las penas y penitencias impuestas y promulgadas en los cánones sagrados y en otras constituciones, generales y en particular contra tales delincuentes. Que así me ayuden Dios y estos Santos Evangelios que toco con mis manos.*

*Yo, el antedicho Galileo Galilei, he abjurado, jurado, prometido y obligado a mí mismo según dicho anteriormente, y en testimonio de su veracidad he suscrito con mis propias manos el presente documento de mi abjuración y lo he recitado palabra por palabra, en Roma, en el convento de Minerva, este día 22 de junio de 1633.*

Se dice, que Galileo al salir del tribunal dijo "y sin embargo gira sobre sus ejes"

No obstante este juramento humillante, Galileo fue sentenciado por los anticientíficos religiosos, con la sentencia siguiente:

*Visto que vos, Galilei, hijo del finado Vincenzo Galilei, florentino, de setenta años de edad, habéis sido denunciado el año 1615 ante este Santo Oficio por sostener como verdadera la falsa doctrina por algunos enseñada de que el sol ocupa el centro del mundo y permanece inmóvil y que la Tierra se mueve —y también con movimiento diurno—; por tener discípulos a quienes habéis enseñado la dicha doctrina; por haber mantenido correspondencia con ciertos matemáticos alemanes sobre lo mismo; por haber impreso ciertas cartas intituladas "De las Manchas Solares" en las que desarrollasteis la misma doctrina como verdadera y por contestar a objeciones de las Sagradas Escrituras —que de tiempo en tiempo os fueron presentadas contra ella—, glosando tales Escrituras según vuestra propia interpretación y visto que sobre ello presentasteis copia de un documento en forma de carta, haciendo creer que fue escrito a quien fuera vuestro discípulo y en el que se expresan diversas proposiciones siguiendo la posición* de Copérnico, contrarias al verdadero sentido y autoridad de las Sagradas Escrituras.

Este Santo Tribunal que tiene, pues, la intención de proceder contra el desorden y la perversidad resultante de ello [...] las dos proposiciones de la estabilidad del Sol y el movimiento de la Tierra, fueron calificadas como sigue por los Examinadores Teológicos.

La proposición de que el Sol es el centro del mundo y no se mueve de su lugar es absurda y falsa filosóficamente y formalmente herética, porque es en forma expresa contraria a las Sagradas Escrituras. La proposición de que la tierra no es el centro del mundo e inmóvil, sino que se mueve— y también con movimiento diurno—, es igualmente absurda y falsa filosóficamente y considerada teológicamente, cuando menos errónea en fe.

Pero visto que en aquel entonces se deseaba trataros con lenidad, fue decretado en la Sagrada Congregación reunida ante su Santidad el 25 de febrero de 1616, que Su Eminencia el señor Cardenal Bellarmino os diese orden de abandonar por completo dicha falsa doctrina y que, en caso de que os rehusarais, fueseis requerido por el Comisario del Santo Oficio para abandonarla y no enseñarla a los demás ni defenderla ni aún discutirla, y que de no acceder a ese requerimiento seríais encarcelado. Y con el fin de que tan perniciosa doctrina pudiese ser extirpada por completo y no se insinuare *más con grave perjuicio para la verdad católica, fue expedido un decreto por la Sagrada Congregación del INDEX prohibiendo el libro que trata semejante doctrina y declarando a esta falsa y totalmente opuesta a las Sagradas Escrituras.*

*El libro recientemente aparecido aquí, impreso el año último en Florencia, cuyo título demuestra que sois el autor, siendo dicho título: "Diálogo de Galileo sobre los Grandes Sistemas del Mundo".*

*En consecuencia, y por nuestra orden fuisteis citado para comparecer ante este Santo Oficio, donde al ser examinado bajo juramento reconocisteis haber escrito y publicado el libro. Confesasteis haber comenzado en su escritura hace alrededor de diez o doce años, después de haberos impuesto de la orden antes dicha; que solicitásteis licencia para imprimirlo, sin manifestar, empero, a quienes os la otorgaron, que habíais sido intimado para no sostener, defender ni enseñar la doctrina en cuestión de modo alguno.*

*Y visto que nos pareció que no habíais expresado toda la verdad con respecto a vuestras intenciones, creímos necesario someteros a severo interrogatorio, al que (sin perjuicio contra los asuntos expresados anteriormente y por vos confesados, con relación a vuestras intenciones), habéis respondido como buen católico, en consecuencia, habiendo visto y considerado detenidamente los méritos de esta vuestra causa, junto con vuestras confesiones y disculpas antes referidas, y todo cuanto ha de ser visto y considerado en justicia, hemos llegado a lo abajo expresado como sentencia definitiva contra vos: Decimos, dictamos sentencia y declaramos que vos, el dicho Galileo, en razón de los asuntos aducidos en juicio, por vos confesados, como figura más arriba, os habéis vuelto en opinión del Santo Oficio, fuertemente sospechoso de herejía, vale decir de haber creído y sostenido la doctrina —falsa y opuesta a las Sagradas y Divinas Escrituras— de que el Sol es el centro del mundo y no se mueve de este a oeste; y que la Tierra se mueve y no se halla en el centro del mundo; y que una opinión puede ser sostenida y defendida como posible luego de haber sido declarada y definida como contraria a las Sagradas Escrituras; y que consecuentemente habéis incurrido en todas las censuras y penalidades impuestas y promulgadas en los cánones sagrados y otras disposiciones generales y particulares contra tales delincuentes. De las cuales nos placerá veros absuelto siempre que; primero; de todo corazón y con verdadera fe abjuréis, maldigáis y detestéis ante nos los antedichos errores y herejías y cualquier otro error y herejía contrarios a la Iglesia Católica Apostólica y Romana en la forma que os prescribiremos.*

*Os condenamos a la prisión formal de este Santo Oficio por el tiempo que sea de nuestro agrado, y por vía de saludable penitencia os requerimos que durante los tres próximos años recitéis una vez por semana los*

*siete salmos penitenciales. Nos reservamos la libertad*
*de moderar, conmutar, o suspender, en todo o en parte,*
*las antedichas penas y penitencia.*

*Y así decimos, pronunciamos sentencia, declara-*
*mos, ordenamos y nos reservamos en este y cualquier*
*otro modo y mejor modo y forma que queramos y po-*
*damos emplear legalmente. "*

Anticientífico; cardenal Cólico, anticientífico cardenal Ges; anticientífico cardenal Bentivo-
lio; anticientífico cardenal Verospi; anticientífico
D. cardenal de Cremona; anticientífico M. Cardenal Ginetti; anticientífico Ant. Cardenal de S.
Onofrio". (Los títulos fueron puestos por el autor)

Sobre este punto de que si la tierra se mueve
o no; no hay nada que agregar.

He aquí el reconocimiento eclesiástico de la
ignorancia de la divinidad omnisapiente, que
inspiró o debió inspirar a los anticientíficos cristianos. Dicho con sus propias palabras de otro
representante del sabelotodo aquí en la tierra;
en el 1992, Juan Pablo II: "pido **perdón** por las
injusticias cometidas, reconociendo el error por
el Vaticano, en contra del célebre científico italiano Galileo Galilei, a quien la inquisición (los
curas Cristianos) hizo retractarse (humillado de
rodillas) de sus teorías heliocéntricas, por que decía que la tierra giraba alrededor del sol."

## IV.2.b. Miguel Servet

Estudió derecho, medicina y teología. En su juventud, estudió los textos religiosos judíos y musulmanes. En un texto muy parecidos al que ahora, usted querido lector, tiene en sus manos, criticó la corrupción de la iglesia así como también, el bautizo de los niños, imponiéndoles una religión; coartándoles el derecho que les corresponde cuando hombres, de poder elegir por ellos mismos.

Dentro de los estudios en otras áreas del saber, escribió en secreto su obra cumbre, donde por primera vez publicó su descubrimiento más importante sobre la circulación de la sangre a través de los pulmones. El fue quien reveló por primera vez que la sangre circulaba en el cuerpo.

"La sangre del ventrículo derecho es bombeada por medio de la arteria pulmonar a los pulmones, en estos ocurre un cambio de color rojo, pues la sangre se libera de los vapores fuliginosos al entrar en contacto con el aire espirado y de allí, la sangre viaja al ventrículo izquierdo por la vena pulmonar, y es distribuida por el sistema arterial." Esto llevó a comprender cómo se combinaba la sangre con el aire.

Craso error de Miguel Servet, decir que la sangre circulaba a través del cuerpo, cuando los curas anticientíficos ignoraban esto.

Ah!!!. De nuevo, los super anticientíficos en defensa de la ignorancia, en representación e inspirados (se supone) por el todopoderoso que lo sabe todo, Jehová; dictan su brillante sentencia:

A quien descubrió la circulación de la sangre,

*"Miguel Servet, es condenado por abominable blasfemia y porque el libro está dirigido contra Dios y las sagradas escrituras, por seducir y defraudar a los pobres ignorantes.(???) que lo sujeten a una estaca y lo quemen vivo junto a sus libros manuscritos e impresos, hasta que tu cuerpo quede reducido a cenizas y así terminen tus días para que quede como ejemplo para que otros no quieran cometer lo mismo".*

En su libro *España Infinita* el doctor Joaquín Balaguer, hace tan expedita descripción del linchamiento de Miguel Servet, que no admite modificación y merece que se cite textualmente:

*Sobre la colina les Champel, sitio hermosísimo desde el cual se podía contemplar el inmenso anfiteatro formado por la cadena del Jura, se erigió una columna que se rodeó de varios haces de leña escogiéndose al efecto la más verde con el propósito, sin duda, de hacer más lento el suplicio del ajusticiado, " ¿Cual es tu última voluntad? —Le preguntó Farell—" ¿tienes mujer o hijos?". El reo movió desdeñosamente la cabeza. Entonces el ministro ginebrino dirigió al pueblo estas*

115

*palabras: "ya veis cuán gran poder ejerce Satanás so-*
*bre las almas de que toma posesión. Este hombre es un*
*sabio y pensó, sin duda, enseñar la verdad; pero cayó*
*en poder del demonio, que ya no le soltará. (Descubrió*
*que la sangre circulaba en el cuerpo, y Dios ignora-*
*ba eso, por lo que inspiró a su representante a que lo*
*mataran) tened cuidado que no suceda a vosotros lo*
*mismo"*

*Era mediodía. Servet yacía con la cara en el polvo,*
*lanzando espantosos aullidos. Luego se arrodilló, pidió*
*a los circunstantes que rogasen a Dios por él, y sordo*
*a las últimas exhortaciones de Farel, se puso en manos*
*del verdugo, que le amarró la picota con cuatro o cinco*
*vueltas de cuerda y una cadena de hierro, le puso en la*
*cabeza una corona de paja untada de azufre y al lado*
*un ejemplar del libro "Cristianismi Restitutio", obra*
*en que el sabio español niega, según la acusación, la*
*Trinidad. Enseguida el inquisidor con una tea prendió*
*fuego en los haces de leña, y la llama comenzó a levan-*
*tarse y a envolver a Servet. Pero la leña, húmeda por el*
*rocío de aquella mañana, ardía mal, y se había levan-*
*tado además un impetuoso viento, que se apartaba de*
*aquella dirección las llamas. El suplicio fue horrible:*
*duró dos horas, y por largo espacio oyeron los circuns-*
*tantes esto desgarradores gritos del mártir " ¡infeliz de*
*mí! ¿Por qué no acabo de morir? ¿Las 200 coronas*
*de oro y el collar que me robaste, no os bastaban para*
*comprar la leña necesaria para consumirse? ¡Eterno*

*Dios, recibe mi alma! ¡Jesucristo, hijo de Dios eterno, ten compasión de mí!". Algunos de los que le oían, movidos a compasión, echaron a la hoguera leña seca para abreviar el suplicio. Al cabo no quedó de Miguel Servet y de su libro más que un montón de cenizas, que fueron esparcidas por el viento.*[5]

Pero de nuevo, dado lo irrefutable de la veracidad de la circulación de la sangre en todo el cuerpo, lo cual pone en ridículo la omnisciencia de Dios y de sus representantes católicos aquí en la tierra, el representante de turno, el papa Juan Pablo II, le tocó nuevamente en el 1982, pedir perdón.

"Por los errores de exceso" condenando el uso de " la intolerancia y hasta la violencia en el servicio de la verdad" de los inquisidores (católicos cristianos)

## IV.2.c Darwin

Charles Robert Darwin. nació en Sherewsbury el 12 de febrero de 1809. En octubre de 1825 ingresó en la Universidad de Edimburgo para estudiar medicina

Darwin plantea, en su teoría del origen de las especies por medio a la selección natural, que la

---

5- Joaquín Balaguer, España Infinita, Editora Corripio, 1997; pág 51 especie (esto es el hombre y todos los animales y plantas) tienen su origen, a través de haber evolucionado de otra especie común; que la nueva especie no era exactamente igual, porque factores externos habían influido en el proceso de evolución, lo que le hacía más fácil adaptarse al medio ambiente.

En ningún escrito, Darwin especificó, que la primera especie había sido creada o producto de la misma evolución; tampoco, para explicar esta teoría, no había ordenado que mataran a ningún hombre a pedradas, no había exigido que sacrificaran a animal alguno. No se guardan registros de que el laboratorio de Darwin estuviera salpicado de sangre. Como sí lo pedían, otros para su tabernáculo.

Antes de establecer esta teoría, el científico Darwin, en el 1831, se embarcó en una expedición que duro 5 años alrededor del mundo, de donde recogió datos geológicos e hidrográficos para los fines de su estudio; a todo esto, los anticientíficos religioso desde su iglesia, sin ir a ningún lugar y sin ninguna base racional, solamente con la inspiración divina del omnisapiente; calumniaron y atacaron la teoría de Darwin, para nuevamente quedar en ridículo con la ley del principio de la transmisión hereditaria en el siglo XX; con la era de la genética, mejor conocida como las leyes de Mendel descubierta por Gregor Joham Mendel; que demuestran que, hayamos sidos creado independientemente (pero desde una primera célula, por lo menos) y que las especies heredan un código genético a través del ADN.

Esta práctica de los anticientíficos religiosos, de impedir y en el peor de los casos ocultar los descubrimientos, se pone de manifiesto en la creación de las sangradas escrituras, con el mandato expreso en **Eclesiastés 1, 18**: *"porque en la mucha sabiduría hay mucha molestia; y quien añade ciencia añade dolor"* eso es a juicio de la iglesia, que si no se estudia, si no se investiga, no se tiene molestia, ni le va a doler…quédese bruto, la iglesia lo prefiere bruto.

Esta ignorante forma de actuar y de pensar de los curas o pastores representante de un Dios sabelotodo, para mantener en la ignorancia al pueblo y así poderlos dominar, demuestra que no hay conexión con ninguna divinidad. Es lógico pensar así, aunque, el pensar y lo lógico sea contrario a la iglesia; no se ve una relación lógica de un sabelotodo, quien dirija o inspire a los mortales, a decir o hacer cosas que hoy por hoy, el más estúpido e ignorante de los siervos creyentes puede entender: que el sabedor, el inspirador o los inspirados y representantes estaban ridículamente equivocados.

Esto demuestra que las religiones, no son más que unas corporaciones comerciales donde la mercancía es un paquete compuesto de: la gloria, la vida eterna, y *"jardines por cuyos suelos corren los ríos y en los que serán inmortales para siempre. Y allí, serán adornados con brazaletes de oro y perlas y sus vestidos serán de sedas, acostados sobre su lecho, y se harán circular copas de vinos blanco y dulce para quienes los beban. Y habrá (mujeres) blanquísimas y de grandes ojos azules, como perlas escondidas, que solo tendrá miradas para ellos"* (**Corán 9-72,89; 22-23; 37-45, 48;**). (hay que suponer, por el espíritu de equidad que debe haber en las religiones, que para las mujeres habrán hombres fuertes, altos y fornidos. ¿O también allá arriba les azotarán?)

En este intercambio comercial, intervienen compradores y vendedores o más bien compradores y prometedores. Donde los que prometen no solo lo material, sino la inmortalidad esperada mediante el ofrecimiento: de la gloria, y la vida eterna; y actúan como si tuvieran la franquicia de representación aquí en la tierra, del franquiciador Jehová.

La otra parte del comercio la ejercen, los que tienen esa necesidad material y emocional; y hasta los que tienen sembrado el ego en la inmortalidad, la vida eterna. Pagando por adelantado a los pastores o sacerdotes, el diezmo o la ofrenda que consiste en el 10 por ciento de su salario o de sus ganancias.

Es el negocio perfecto. Nadie, ningún emporio comercial, ha podido superar tal mercancía (por lo menos en promesas porque del dicho al hecho, en este caso, todavía no se sabe cuál es el trecho).

Es la mercancía más codiciada por el hombre inconforme e inconsciente, por no saber apreciar, valorar lo que la madre naturaleza nos ha dado.

A mi, particularmente no me interesa tener más vida después de esta, estos mercaderes de promesas no tienen nada que ofrecerme.

Es la salvación, la mercancía de más bajo costo, para los curas vendedores de clemencia y perdón celestial:

**Primero**: con solo prometerles, ya se les paga (la ofrenda o el diezmo)

**Segundo**: como ellos (los vendedores) son representantes, no son los que tienen que hacer la entrega de la mercancía prometida (la vida eterna); esta entrega será hecha por la casa matriz (Dios) y

**Tercero**: *la entrega de la mercancía, tiene que ser al comprador después de su muerte, no pudiendo ser entregada*

*a nadie más.* Resultando este tipo de tran-
sacción, extremadamente cómoda para los
vendedores, por la forma en que se desarrolla todo el proceso comercial.

De modo y manera que hasta ahora, nadie
aquí en la tierra tiene constancia de que la referi-
da mercancía ha sido entregada a los compradores, no obstante haberla pagado durante toda su
vida, mediante el sistema de pago llamado *lay-a-
way.* (Separándola por cuotas, diezmo a diezmo
cada domingo)

# Capítulo V

El libre albedrío

# El libre albedrío

*El bautizo o iniciación de inocentes, en una religión cualquiera, es la primera violación al respeto del libre albedrío.*

## V.1 ¿De qué libre albedrío me hablan?

¿Cómo sí te dieron albedrío para estar aquí; en este planeta, en esta tierra, en esta época, en este año; bajo estas condiciones socioeconómicas? ¿Te preguntaron, o lo que es lo mismo, te dieron albedrío para ser o nacer, blanco, negro, hijo del rey o de origen noble (don)? ¿Tener apellido rimbombante; o ser hijo de machepa, de un don nadie, de Juan del Pueblo? No te dieron a elegir (albedrío) ser hombre o mujer, tal vez por eso eres gay o lesbiana, y ahora no te dejan vivir en paz; no te dejan vivir la vida como la quieres vivir.

¿Tuvieron ellos la culpa de ser judíos y haber vivido en Alemania en los años *hitlerianos*? Y, ¿eligieron los negros ser negros o ser del ku klux klan, en los años de linchamientos en América y aún en los lugares donde todavía hay segregación racial ? dime, ¿con cuánta alegría elegiste, o usaste el albedrío que te dio el divino creador, para nacer en el sur de África, en los barrios pobres de República Dominicana, o en los barrancones de Venezuela?; ¿ser, tú y tus hijos, buzos de los basureros de Honduras?, ¿se les dio libre albedrío a los creyentes y no creyente del empobrecido pueblo haitiano?

¿Están nuestros hermanos colombianos, (guerrilleros y pueblo en general) haciendo fiestas y muy contentos y satisfechos por la elección que tomaron de vivir con guerrillas, en zozobra y marcados por la muerte en todo momento, en todo su territorio?

Estamos condenados o mejor dicho encadenados a vivir bajo un contrato (o un sangriento y maquiavélico jueguito, que de juego no tiene nada; porque todo lo que sucede es real), en el cual tú podrías conseguir la salvación. Pero, ¿de qué salvación me hablas? Eso es, como que caminando por las calles, te meten preso, sin preguntarte si quieres estarlo, y te dicen: si te portas bien, te ponemos en libertad. Sí, pero, ¿por qué me meten preso? ¿Quién te dijo, divino creador que quería estar preso?, ¿qué quería estar aquí por lo menos bajo estas condiciones? Si al menos me hubiesen preguntado.

Ahora. Que tengo que portarme bien para conseguir la gloria, mientras otros pagan su pena o condena desde otro pedestal durante todos los años: en un yate en el Caribe; con otro color de piel; con otros apellidos; bajo otra situación socio-económica.

No tengo nada en contra de los ricos, de los blancos, ni de Trujillo, ni de Hitler, Stalin, Francisco Franco, Mausolini, Juan García González, los Papas que ordenaron las cruzadas, ni de los de la Santa Inquisición (¿santa?), ni de Pinochét, ni de los que desaparecieron a los "desaparecidos" en Argentina; ni de todos los "poseídos"; en fin, una lista interminable de contratantes, también sin ser ellos los que eligieron pertenecer a esa casta, con lo que me identifico, porque no se les preguntó tampoco, ni tuvieron el albedrío de pertenecer a la otra.

¿Por qué tú tienes que pagar la salvación en forma tan diferente a ellos? ¿Libre albedrío?

Nunca te dieron, ni te darán la oportunidad de elegir. Simplemente tienes que pagar, bajo las condiciones de ese contrato que firmaste; a propósito, ¿lo firmaste? ¡Que va! a Jehová no le importa; ya te puso aquí, sin tu albedrío; y tienes que pagar: pobre, negro, desposeído; en cualquier época tienen que pagar la gloria. No importa si no la quieres, el te puso aquí y ese es el contrato.

Es un contrato que el derecho francés le llama contrato de adhesión, donde una sola de las partes (Dios) pone las condiciones; y la otra parte (tú), ves morir a tus hijos de hambre, se desaparecen, los linchan, los convierten en presos políticos, los violan y las violan, te dan bofetadas en la cara, solo porque el creador te hizo negro.

Como colofón  a este contrato, o  pacto o «alianza» y, para no dejar al albedrío de lo ya temerosos hombres, y así mantener la obligatoriedad de la creencia en Jehová, existe la amenaza o la parte coercible para asegurarse el «amor» o más bien el temor al todopoderoso.

«Para lo que desprecien mis leyes, he aquí la manera en que yo también me portaré con vosotros» (Levítico 26, 14-15)

## Levítico Art. 26

Versículo 15. «Pero si no quisiere escuchar la voz de tu Señor Dios, observando y practicando todos sus mandamientos y las ceremonias que hoy te prescribo. Vendrán sobre ti, y te alcanzarán todas estas maldiciones.»

Versículo 22. «Y enviaré contra vosotros las fieras del campo  para que os devoren a vosotros y a vuestros ganados, reduciéndoos a un corto número y haciendo desiertos vuestros caminos.»

## Deuteronomio. Cap. 28

**Vers. 16** «maldito serás en la ciudad, y maldito en el campo.»

**Vers. 18** «maldito el fruto de tu vientre, y los frutos de tu tierra, tus vacas, y los rebaños de tus ovejas.»

**Vers. 19** «maldito serás en todas tus acciones desde el principio hasta el fin de ellas.»

**Vers. 20** «enviará el señor sobre ti hambre y necesidad y hecha la maldición sobre cuanto obrares y pusieres tus manos [....]»

**Vers. 21** «Hará el señor que se te pegue la peste o hasta que acabe contigo en la tierra en cuya posesión entraras.»

**Vers. 22** «el señor castigará con la carestía, con la calentura y el frío. Con el ardor y la sequedad, con la corrupción del aire, y el añublo, y te perseguirá hasta que perezcas.»

**Vers. 24** « El señor dará a tu tierra polvo en vez de lluvia, y descenderá del cielo ceniza sobre ti, hasta que quedes reducido a la nada.»

**Vers. 26** «Los cadáveres servirán de pasto a todas las aves del cielo y bestias de la tierra sin que nadie cuide de ahuyentarlas.»

**Vers. 27** « Te herirá el señor con las úlceras y plagas de Egipto. Y en el sieso, y también con sarna y comezón de tal manera que no tengas cura.»

**Vers. 28** « Te castigará el señor con la locura o delirio, con la ceguedad y con frenesí.»

**Vers. 30** «Tomarás mujer, y otro la gozará. Edificarás casa, y no la podrás habitar,…]»

**Vers. 32** « Tus hijos y tus hijas serán entregados a pueblo extraño, viéndolos tus ojos, y consumiéndose con la continua vista de su miseria sin haber fuerza en tu mano para librarlos.

Se dice que Dios, al hacer al hombre, le dio libre albedrío con el cual, él decidió, ser bueno o malo, matar o dejar vivir; ser violador o atracador.

Vamos a ver cómo las religiones explicarían esto.

Más o menos, el mundo consiste en que Dios hizo a los déspotas, los hegemónicos, los hombres blancos, o del k.k.k.; los violadores, los curas pederastas, los atracadores, los políticos y policías corruptos y degenerados; dándole libre albedrío de ser hombres buenos o malos.

Luego, para que puedan probarle a Dios, a la humanidad, o a ellos mismos; qué decidieron hacer con su vida, les dio respectivamente:

**A los déspotas**, un país; el cual pudo ser Alemania, Rusia, Chile, República Dominicana, etcétera.

**A los hombres blancos**, o del ku klux klan, les dio negros; a los cuales usaron como esclavos, para humillarlos, golpearlos y vejarlos hasta donde su albedrío alcanzó; y, a quienes lincharon vivos en fuego y aceite, a su entera discreción; en ningún caso Dios intervino.

**A los violadores**; les dio niñas de 10 ó 14 años; o bien de edad a escoger por los interesados, total, es el albedrío de ellos el que cuenta, no el de las indefensa niñas, ni el de sus padres. También hay otras, que "escogieron libremente" estar huérfanas o algunas de esas mismas edades que se prostituyen en las calles del tercer mundo, fruto de la miseria y del hambre.

**A los curas pederastas**, les dio niños; igual en este caso, no importa la edad. (lo siento por estos curas que no pudo hacerles hombres con albedrío para su fin, a ver como le iría con ellos.)

**A los atracadores**; les dio mujeres y hombre de trabajo, de bien, de su familia; la condición de estos no importa mucho; total es para práctica del albedrío de esos delincuentes.

**Y a los políticos y policías corruptos y degenerados**; les dio un pueblo inocente e indefenso, en el cual tienen el albedrío de, en contubernio con la iglesia, mantenerlos dominados por medio de la ignorancia y el temor y así saciar o cumplir sus respectivos fines de explotarlos y burlarse de ellos.

Dios después les dijo: ustedes tienen albedrío; ellos no. Ellos nacieron así. Ellos tienen que pagar por la gloria, ustedes la tienen.

Ustedes son todopoderoso, como el Dios de los dioses, y recuerden: que las clases no se suicidan. Para muestra los refiero a la historia.

Durante las décadas de 1930 y 1940, los dirigentes nazis en Alemania, crearon 22 campos de concentración; donde encarcelaron a judíos, gitanos, homosexuales, comunistas, esclavos y otros grupos de "contratantes" con Dios.

El trabajo, los fusilamientos, los gases o las inyecciones letales; y los hornos de fundición; habían acabado con más de siete millones de seres humanos (nuestros hermanos) yo quisiera saber, ¿dónde estuvo el divino albedrío de ellos para que les sucediera esa desgracia?

Protegió al déspota Trujillo de muchos atentados, y castigó e hizo sufrir física y mentalmente, hasta morir de forma cruel y sanguinaria a todo aquel que intervino en el tiranicidio.

Protegió a Ulises Heureaux; que tanta gente fusiló, de un atentado a quemaropa y nada más le hirieron en un brazo.

A otro político dominicano, Joaquín Balaguer, que durante sus 12 sangrientos años inolvidables para esa nación, tuvo tres accidentes aéreos, cayéndose su helicóptero, pero "felizmente" Dios pudo intervenir y no tuvo ni un rasguño.

En Chile, protegió al Generalísimo Pinochét; de tantos daños y abusos que quisieron cometer contra el "pobre, inocente e indefenso general"; y lo mantuvo con vida hasta su final; en su tranquilo y espacioso hogar, sin que nadie pudiera ni tocarlo.

En cambio, a los que Dios no les ha otorgado el "libre albedrío", pero intentaron usarlo para bien de los sufridos; como Nelson Mandela; lo puso 27 años en la cárcel; y a Gandhi, o Martin Luter King; permitió que cualquier simple aficionado, con un simple disparo le fuera fácil aniquilarlos.

En una carta enviada a Londres desde Carolina del Sur en 1720, contiene la siguiente información:

*Acto seguido os he de informar que últimamente se ha sabido de un complot demoníaco y salvaje de los negros (se consideraba, que los negros esclavos, cuando querían actuar como personas libres, usando su albedrío; sus actos eran demoníacos y salvajes.) (paréntesis del autor) que pretendían asesinar a toda la gente blanca del país para entonces tomar Charles Town por la fuerza. <u>Pero Dios quiso que se descubriera y muchos fueron capturados, algunos quemados en la hoguera, otros ahorcados y los demás expulsados del territorio</u>[6].*

Como ven, habrá protección para los poseídos.

Para continuar con este tema del albedrío, les contaré una anécdota ocurrida en una esquina cualquiera de las calles del tercer mundo.

*Al detenerse un vehículo conducido por una elegante señora que a todas luces se nota que pertenece a clase clasificada para poseer "albedrío", mientras esperaba el cambio de la luz en el semáforo, se acerca un hombre minusválido, desprovisto de albedrío, y de ambas extremidades inferiores, vestido de malolientes y andrajosos harapos, se movía sobre una destartalada madera provista para tal fin, con dos pequeñas gomas en la parte inferior delantera y trasera y se impulsaba con una o ambas manos según su necesidad. Este señor con todo y estar en el improvisado "carrito", al-*

---

6- Horward Zinn, La otra historia de los Estados Unidos.
  Siete cuentos editoriales, 2001, New Yok.

*canzaba hasta la altura de la ventanilla de cada carro. Aprovechando el momento le dijo a la señora: "deme algo para comer", a lo que la señora tuvo el albedrío de negarle tal solicitud y este a su vez, ríspido le dijo varios improperios. Nuestra señora le aconsejó: que no dijera esas cosas, que Dios lo podría castigar.*

*A lo que el desdichado le responde: ¿y que más va Él a hacerme ahora? ¿quitarme el carrito?*

No, no quiero hacer un relato de los hechos similares de linchamientos y linchadores, ¿para que? ya los rebaños (que son tan rebaños que todavía permiten que la iglesia los sigan llamando así) no ven; nunca lo han visto, se les tienen prohibido ver, leer, investigar; los rebaños no pueden pensar. No mientras sean rebaños.

No defiendo en lo absoluto, una determinada teoría del origen del hombre; en todo caso, y en calidad de hombre; defiendo al hombre, al ser, a la raza humana; que no tuvo ni tiene la opción de estar como estamos; de ser como somos; y, que no hay un manual de procedimiento inteligible, concreto, digerible por la masa, por el hombre, pues aún los más destacados científicos y filósofos no terminan de ponerse de acuerdo.

Por un lado tenemos un escrito que, resulta que hay que estudiarlo; hay miles de interpretaciones, y traducciones; miles de manejadores interesados.

Por otro lado, el albedrío; y por el otro, nadie que nos defienda; solamente un paquete de sátrapas, cuales vulgares políticos de pacotilla ofrecen salvación.

A través de los años, el hombre ha conseguido su conquista con luchas, paros, palos y huelgas. Me pregunto, ¿qué tendríamos que hacer ahora para cambiar o determinar la manera de vivir?

Primero tenemos que reflexionar, y aceptar lo deficientes que hemos sido para llevar el rumbo. En alguna era o período, parecía que avanzábamos, pero ahora vemos que retrocedemos, porque avanzar a la destrucción masiva es retroceder.

Hemos sidos ineficaces. Cuando nos referimos a los centros reformatorios o de reclusión, vemos que: por un lado, la sociedad se ocupa de que nuestros nuevos visitantes en la sociedad (los niños) se eduquen, sean honrados, no consuman drogas, y que, –de ser lo correcto– no tengan desviaciones sexuales; pero, por otro lado, la realidad es otra; una vez que se comete un desliz social y entran en uno de esos centros de reciclaje humano en cualquier parte del mundo, (las cárceles) se convierten en ladrones, drogadictos y maricones.

Más aún, hemos sobrepasado la cuota necesaria para autodestruirnos. "¡Muy bien por los hombres de paz!"; cuánto me gustaría pregúntarle a Ludwig Binswanger o a Nietzsche, si constituye esto, ¿un vacío existencial o una esquizofrenia mundial?

O sea, que hemos pasado de la destrucción en masa, con experimentos en los campos de concentración modernos que surgieron a finales del siglo XIX; a la autodestrucción masiva automatizada.

Los españoles los utilizaron en República Dominicana, para entonces Quisqueya, en la matanza de Jaragua. En el 1504, Nicolás de Ovando, el gobernador de las Indias, mandó una fuerza de 370 españoles al mando de Diego Velásquez de Cuellar, que asesinó a los principales aborígenes de la pequeña ciudad de Jaragua; reuniéndolos y echándolos a los perros para su posterior desmembración y degustación canina. Apresó a Anacaona, a la que hizo ahorcar. Un sobrino de ella, Henriquillo, encabezó la resistencia contra los españoles, pero fue asimismo ejecutado en la horca.

También los españoles en Cuba, tenían su campo de concentración con la ayuda expresa tanto logística como bélica de los Estados Unidos, durante la guerra por la independencia de la isla (1898); con el fin de concentrar a la población rural en una zona concreta donde sería más fácil su "control".

Siguiendo este principio; Estados Unidos, también los estableció en Vietnam.

Los británicos crearon campos de este tipo para más de 20,000 mujeres y niños durante la Guerra de los Bóers (1899-1902) en Sudáfrica. Las fuerzas militares transportaron a 70,000 ciudadanos de origen japonés y a 42,000 residentes japoneses de la costa oeste a "centros de realojamiento" en el interior, que no eran más que campos de torturas y sacrificios de humanos.

En Francia el gobierno instauró campos de refugiados (léase de tortura humana), para los republicanos españoles que llegaron en 1938, aunque al año siguiente también internó allí a refugiados judíos y antinazis.

En Rusia, en 1918 los bolcheviques utilizaron los antiguos campos de concentración (o de trabajo forzado) zaristas, para internar a quienes consideraban contrarrevolucionarios. Claro, no tuvieron la oportunidad o el albedrío de querer estar de un lado o del otro.

Durante la década de 1920 los 'enemigos de clase' y los criminales fueron confinados en los campos especiales del norte del país, en las islas Solovetskiye en el mar Blanco y cerca de Arjanguelsk.

Hay que quitarse el sombrero ante Stalin. En el 1932 y 1933, este señor tuvo el albedrío, el cual Dios no le dio a los ucranianos, de recolectar todo los alimentos que esta ciudad produjera, quitándosela a más de 10 millones de personas, de los que no tienen albedrío.

Lo que provocó más de 25 mil muertes diarias, para un total que se estima en 60 millones de personas, a quienes le dio el albedrío de morirse de hambre, y de caer en las calles desmayadas para que los perros, a los cuales Dios le dio albedrío también, se los comieran sin esperar siquiera que terminaran de morirse (las personas), desparramando sus intestinos por todas las calles. A este suceso se le llamó Holodomor. (pero así es Jehová, de bondadoso).

También al señor Stalin, Dios le dio el albedrío para que a todo aquel que tenía el albedrío de no estar de acuerdo con su política; ya sean intelectuales, médicos, hombres de trabajo, mujeres y niños (si, niños) los apresaran y los enviara a su personal GULAG (campo de concentración ruso), para allí darles una cordial demostración de lo que es el albedrío del señor, imponiéndoles desgarradores trabajos forzados y cuando no, fusilarlos o meterlo a hornos para quemarlos vivos.

De lo que hemos obtenido más de 4 millones de personas horrorosamente muertas en los campos de concentración ruso (GULAG) y otros 800.000 (ochocientos mil) que fueron fusilados fuera de estos santos lugares (le llamamos santos, porque se puso de manifiesto el albedrío que Jehová le entregó a Stalin)

Desde luego, hay que contar a más de medio millón de personas que han sufrido daños físicos o psicológicos. Pero, tuvo Dios que darle humanos a Stalin para que demostrara, con el albedrío que se le dio, que él quería ser bueno o malo.

Los alemanes, ellos llevan la mejor tajada.

En las décadas de 1930 y 1940 una red de campos de trabajo, que cubría buena parte de Siberia, recibía a los millones de prisioneros que iban llegando en oleadas sucesivas procedentes de arrestos masivos.

Durante la II Guerra Mundial los campos crecieron en número y capacidad; (más sofisticados) se crearon otros nuevos, como: Auschwitz-Birkenau, Natzweiler, Neuengamme, Gross Rosen, Stutthof, Lublin-Majdanek, Hinzert, Vught, Dora y Bergen-Belsen. A estos campos fueron llevados millones de "prisioneros" de los países

europeos ocupados por judíos; prisioneros sovié-
ticos de guerra o trabajadores extranjeros.

Para esos mismos años, en República Dominicana, la SS del criminalísimo Trujillo (lo es-
cribo con letra mayúscula solo por principios
gramaticales) tenía en Nigua, Nagua, y la 40, su
personal campo de esclavitud.

Y subsecuentemente, en nuestra época más
reciente; los asesinatos de los nativos americanos
y después, los linchamientos en la hoguera vivos,
si vivos, de los negros, en manos de los america-
noides.

No solamente la "bondad" y "misericordia" de Jehová se pone de manifiesto en la libertad que otorga a los humanos para que utilicen su albedrío; (aunque no sucede así con las personas que nacen para que aquellos practiquen su albedrío) sino que cabría preguntarse:

¿También, fenómenos naturales y hechos fortuitos, recibirían el albedrío de Dios para matar a cuantas personas quieran? Veamos:

En 1348 y 1350 la peste negra arrasa, –literalmente hablando– devastadoramente con la humanidad, haciendo estragos en Europa con más de un 90 por ciento de la población, esto es más de 25 millones de personas que estuvieron en este mundo para tener el albedrío de morir asquerosamente en las calles, con sus cuerpos descompuestos debido a la terrible enfermedad.

En Londres, todo comenzó con cien (100) muertos por semana, pero la misericordia del señor (porque él tiene control de todo, ¿no?) quiso que, ya en 1665 el número ascendiera a 7,000 (siete mil) personas muertas por semana.

En estos números de muertos, no están incluidos ni pobres ni los campesinos, solo los de la ciudad.

En China desde 1958 a 1961, el número de víctimas por la gran hambruna, fue nada más y nada menos que, comenzando con 26 millones de personas y se estiman 40 millones de muertes por inanición (falta de comida).

¿Por qué el desglose de estos sucesos, lugares, fechas y personajes? Porque cabe preguntar una vez más, ¿en que participó el albedrío de los desgraciados en estos holocaustos?

Esta foto, habla por si sola.

A dado la vuelta al mundo, fue tomada en Sudán, la república más grande de Africa; por el fotógrafo profesional Kervin Carter, quien al recibir el premio Pulitzer, que ganó por ella, declaró: "Es la foto más importante de mi carrera pero no estoy orgulloso de ella, no quiero ni verla. La odio"

Tres meses después, se suicidó.

Increíblemente, un siervo cristiano practicante, al ver la foto me dijo: "ahí estaba de manifiesto la misericordia del señor Jehová, pues de no ser así, huviese sido otro animal y se habría comido viva a la niña".

O sea, que por misericordia del señor, los niños de esa localidad, se libran de que un animal se los coma vivos y el señor, por bondad y misericordia, ha preferido que mueran hambrientos, y en el proceso de muerte (agonizando), cuando estén ya temblando por el hambre y el escalofrío, que produce el morirse (gracias a la misericordia), los buitres se abalanzan contra esos niños y terminan devorándole primero sus ojitos y luego sus intestinos, ya moribundos.

Siguiendo con nuestra retrospectiva reflexión, una vez superada esa forma de eliminarnos, con muy buena racha; sigue el turno a las armas asesinas de destrucción masiva estrenadas (para la gloria de Dios, diría un siervo) ¿con el albedrío? de los habitantes de Hiroshima, y Nagasaki, nada más y nada menos, que con el saldo de 138,000 (cientos treinta y ocho mil) seres humanos, y otros 177,000 libre *albedriazos*, que quedaron sin hogar gracias al *albedriador* todopoderoso.

Por último en esta parte, no se puede olvidar preguntar, si los niños abusados o los padres de estos, dieron el libre albedrío para que los curas católicos los violaran y saciaran su lujuria libidinosa infantil.

Hay en los Estados Unidos, 69 millones de fieles siervos creyentes católicos. Cabría preguntarle también a usted, querido lector ¿es usted uno de ellos? Será usted o su niño, el próximo abusado sexualmente por uno de los representante de Dios, vía la iglesia?

Hacer mención de los numerosos casos de pedofilia sacerdotal, en todo el mundo, sería llover sobre mojado. Pero, como no son todos los que están, y no están todos lo que son, sería bueno advertir que está circulando un pequeño manual llamado "Guía del cura pedófilo" una guía macabra de cómo acercarse a sus niños.

El santo autor de este "sagrado" manual, lo es el sacerdote católico, Edson Ives, cura párroco de la localidad de Alexia, de Brasil, aunque, es posible que este manual esté circulando en todo el mundo.

Este Sacerdote, que fue diagnosticado de narcisismo y megalomanía, llevaba un registro de sus actividades con infantes: "Me preparo para salir de la casa con la certeza de que tengo a mi alcance a todos los niños que me plazca"; -decía- "Para esto soy seguro y calmo, no me agito, soy un seductor y después de haber aplicado correctamente las reglas, el niño caerá en mis manos y seremos felices para siempre".

Entre otras recomendaciones del mencionado manual del podófilo, está la de cómo seducir a los bebés, cómo iniciarlos al canibalismo sexual. También, orienta a aquellos curas que desean comenzar esta práctica, en los lugares y momentos (como las clases de catequesis) en que podrían atrapar a sus indefensas e inocentes presitas.

Otra vez el perdón papal que todo lo cura, aparece al escenario de corrupción sacerdotal, para tranquilizar a la gran masa de fieles creyentes. (y muchas veces lo logra)

El papa Benedicto XVI pidiendo perdón a los niños, que fueron victimas del celestial abuso sexual. Dice:

*"De verdad estoy profundamente mortificado por el dolor y el sufrimiento soportados por los niños y padres de estos, y les aseguro que, como su pastor; comparto su sufrimiento".*

Un profesional de la psicología infantil cuestionado al respecto del sufrimiento de los niños, recomienda que la manera más eficaz de comprenderlo y "compartir su sufrimiento" es poniéndose en su lugar.

Estoy casi seguro, que los padres de los niños abusados por los curas cristianos, desearían que el santo papa Benedito XVI, para que pueda "compartir su sufrimiento", se ponga, no solamente en el mismo lugar, sino en la misma posición que los curas pusieron a los niños abusados, para que sepa lo que es estar *"profundamente. . . mortificado por el dolor y el sufrimiento"* como estuvieron nuestros niños.

## V.2 Vacío existencial

No voy a adentrarme en la definición conceptual del término, no soy psicólogo y nada por el estilo.

Más bien, puede que tenga un pobre concepto de ello, pero no importa mucho; ese es trabajo de los profesionales del área. Lo que sí es mío, es mi sentir; llámese como se llame. Siento que soy un actor, un títere, una marioneta del destino; al cual no se le ha dado un guión, un patrón a seguir. No sé cual es mi papel; y siento que es el mismo caso de los demás actores y actrices; en un acto al cual entré sin avisarme, sin quererlo, sin saber de que se trata, sin principio y lo peor, sin saber si tiene fin.

Solo tenemos un pobre marco de referencia dado por…, nadie sabe quien.

Los directores de la obra no son los dueños del circo pero se lo creen, se lo disputan, ¿y yo?, aquí estoy, moviéndome sobre un guión improvisado, un barquito de vela sin vela porque de tenerla, dejaría que el viento me lleve… ¿a donde?

Lo que he visto en este circo, en este acto de momias andante, es que las cosas no tienen principio ni fin, lo que me ha acondicionado a buscar el absoluto del que habla el ilustre Ernesto Sábato; moriré convencido de que lo hay, no lo ha encontrado la religión, ni los ateos, ni los políticos corruptos, ni las clases sociales, ni los directores del circo, que no es verdad que son los dueños, pero más o menos dirigen, mas bien, nos dirigen, pero hay que seguirlos.

Ya que dispongo de algunos medios, ¿para qué fin?

¿Es el hedonismo epicúreo la doctrina a seguir; o talvez el cirenaico?

De acuerdo a la mecánica cuántica, el mundo (usted, y yo y todo lo que nos rodea) estamos formados de protones, neutrones y energía. Aunque muchos científicos sostenían que: controlando estas partículas, podían predecir el futuro, desde luego los "científico" religiosos, entendían que esto era contrario a lo dispuesto por Dios, que es el que "pone" y "dispone" en este, su mundo.

Pero este tema ya fue tratado muy ampliamente por el científico Stephen Hawking, en su libro *Brevísima Historia del Tiempo*. Por lo que redundaría tocarlo en este presente trabajo.

Lo cierto es que, nadie al momentos puede rebatir que nos movemos al azar, que no disponemos de una brújula del destino, y que el tiempo es a la vida, lo que el camino al caminante.

No sientas miedo por lo que aquí digo del mañana, de la falta de ordenamiento, de que no hay un orden preestablecido.

Pero eso es así. La Madre Naturaleza no recibe órdenes de los Estados Unidos de América; no recibe órdenes de Rusia, ni de Inglaterra. ¿Quién se atreve a dictarle órdenes a Ella?

La Madre Naturaleza, de hecho, tiene sus propias reglas; sus propias leyes, las cuales todo el mundo respeta. Por eso decimos: "por ley natural"

Si te sientes amargado es porque crees en la teoría del destino promulgada por la iglesia, la cual consiste en que todo está escrito, y debe ser cierto que suceda.

¿Quién dice a ciencia cierta que lloverá?; ¿qué "pronosticador" daría su hijo como seguridad de que va a llover?; solo la Madre Naturaleza es dueña y señora de todo eso.

¿Qué ley del hombre se viola si una persona muere al nacer, si muere a los dos años, a los cinco, a los 27, a los 70, a los 120; incluso, si no nace? ¿Qué ley del hombre dice que una persona debe morir sino cuando, entonces cómo? de un accidente automovilístico, ahogado, asfixiado; que te aplaste un avión, te caigas de un caballo, de una motocicleta; que te den un balazo, una puñalada; que te mate tu padre, tu hermano; en un atraco… y un sin fin de etcétera?

Como ves, no tenemos un orden preestablecido. Entonces, en vez de amargarte por que te halla ido mal; porque las cosas no salieron como (¿quién predijo?) siéntete afortunado de que en medio de todo este caos, llegaste vivo hasta hoy, más bien hasta ahora, pues a partir de estas líneas, nadie te puede garantizar –si es que estás leyendo todavía– que no te suceda algo de lo que hablamos más arriba. ¿Aún estás ahí? ¡Alégrate de nuevo!!!

Anteriormente dije que las grandes conquistas se consiguieron a través de guerras, de levantamientos, huelgas, paros y palos, pero estos movimientos fueron realizados por los desposeídos, por los de abajo en la pirámide social.

Hago un llamado a realizar estos mismos movimientos de masas, pero esta vez por todo el mundo, el cual está mal repartido. A HACER UNA VERDADERA CRUZADA POR LA HUMANIDAD.

*Un paro a los avances*, ya que avanzamos ¿para donde?

*Una huelga contra la abundancia*, cuando esto tiene el mundo desequilibrado por la carencia del otro lado de la balanza;

*Un levantamiento de la moral, de la ética, del valor que hay que darle a la humanidad*, comenzando talvez, por usar en nuestro centro de estudios, todos las derivaciones de la palabra humanismo; en todos los salones de clases y bibliotecas, usar la mejor de todas las definiciones de este concepto. Valorar lo que ya tenemos, porque el hombre no ha aportado nada tan hermoso como una rojiza puesta de sol; un luminoso atardecer; ni se escucha una mejor música que el canto de las aves; ni ha superado algo más brillante y colorido que el plumaje del flamenco.

Por último, **declarar la guerra** a las comisiones, las instituciones diplomáticas inservibles, inoperantes que solo se reúnen para declarar a su vez guerras; pero que no detienen la hambruna. Tomar conciencia que la mejor reunión es la de la familia; compartir una taza de café con un viejo conocido; y lo que sería más interesante aún, con un desconocido de cualquier parte del mundo y de cualquier religión o creencia.

¡Pobre hombre, cuán miserables somos!, que mientras más nos conocen, más prefieren a los perros.

Mi voz es el eco del mundo, que reclama a gritos la luz, la respuesta a la creación natural o divina. Un mundo que aún sigue manejado, pero que está convencido de que hay que tener fe en el Dios que tenemos dentro, y no tenerla en las cruzadas, en la santa inquisición, en los campos de concentración, en la segregación racial, en las tiranías, la hegemonía, la corrupción; todo el tiempo, todos los tiempos; con un aval llamado Biblia, de por si enigmático, contradictorio, ininteligible, oscuro; al ojo del hombre común (que somos los más), ambiguo y por tanto controversial, que por los siglos de los siglos, no termina de aterrizar como verdad absoluta… ni el ateismo tampoco.

Despertad ya humanidad, nadie os escucha, hombres de toda la tierra tomad acción, sed humano, que es nuestra única raza, que más os falta para convenceros que vais por mal camino, responded al llamamiento que hago.

# Capítulo VI

De la existencia de Dios

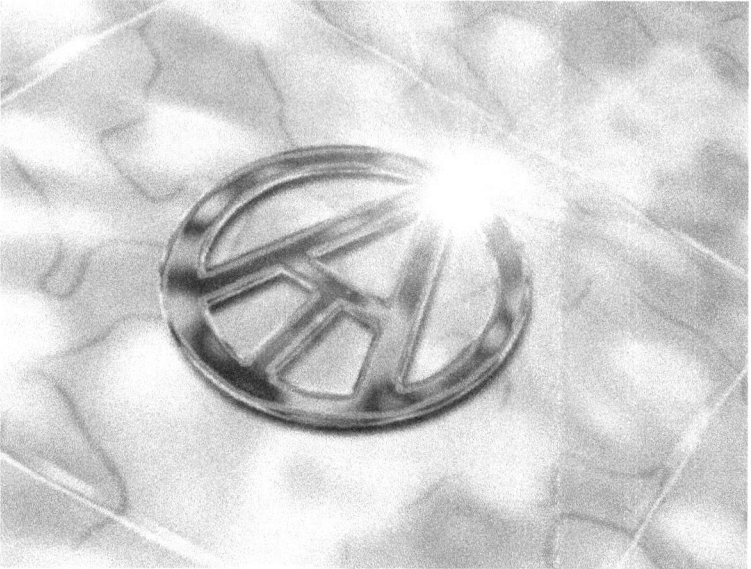

Símbolo de la Comunidad Atea, la cual, el día 28 de septiembre del presente año (2008), celebró su primera Marcha Mundial Atea. Esta multitudinaria marcha tuvo el apoyo y la participación en diferentes ciudades del mundo; de paises como: España, México, Perú, Colombia, etc.

# De la existencia de Dios

## Contra Tomás de Aquino:
## Crítica a sus cinco teorías de la existencia de Dios

Tal como dije en la introducción, he hecho el intento de usar palabras llanas, simples, sin ecuaciones ni ejemplos difíciles de descifrar o entender, a fin de hacer este trabajo de fácil asimilación por el más humilde de los siervos y ciegos creyentes de cualquier religión y nacionalidad. Manteniendo el equilibrio para que aquellos intelectuales, que también están ciegos, puedan, sin perjuicio a su intelecto, entender las ideas aquí planteadas.

Pero, para poder responder al gran filósofo santo Tomás de Aquino, voy a tener que hacer esfuerzos dobles: primero tengo que plantear sus teorías en lenguaje simple, sin que se pierda la esencia, y responder de igual forma, para mantener la tendencia de fácil entendimiento.

Santo Tomás de Aquino (Santo) (1225) teólogo y filósofo italiano, declarado Doctor de la Iglesia, fue hecho santo en el año 1321, aquí en la tierra por los mismos hombres que ignoraban que el planeta giraba.

Su obra cumbre fue de filosofía y teología llamada, *la suma de teología*, la cual lo ha convertido en el filósofo más importante y sobresaliente del catolicismo.

Los papas Pío XII y León XIII, ordenaron que estos tratados teológico de Tomás de Aquino, fueran la base de la enseñanza en todas las escuelas católicas; porque eran la guía más segura, desaprobando cualquier otra. Convirtiéndose estas cátedras en el *tomismo*. (de Tomás)

Esta pomposa obra, consta de cuatro tomos y cada tomo tiene, en su traducción al español, más de 900 páginas. Que no se asuste el lector, pues no tendrá que leer todos los cinco tomos para la continuación de este capítulo, ya que la esencia de todo este postulado, fue el de proponer cinco tesis o vías como prueba de la existencia de Dios misericordioso y bondadoso, que todavía son aceptadas oficialmente por la Iglesia Católica, Apostólica y Romana como buenas y validas.

De modo que analizando estos cinco postulados, será suficiente para abarcar el tratado completo, ya que todo gira entorno a estas leyes de la existencia de Dios, según su autor Tomás de Aquino "santo".

**Primera vía** o razón por la que, según Tomás de Aquino, existe Dios.

Tomás de Aquino alega que:

*En este mundo hay movimiento. Y todo lo que se mueve es movido por otro. De hecho nada se mueve a no ser que en cuanto potencia, esté orientado a aquello por lo que se mueve. Por su parte el que mueve está en acto. Pues mover no es más que pasar de la potencia al acto. La potencia no puede pasar más que por quien está en acto. Ejemplo: (sigue diciendo Tomás de Aquino) El fuego, en acto caliente, hace que la madera, en potencia caliente, pase a caliente en acto. De este modo la mueve y cambia, pero no es posible que una cosa sea lo mismo simultáneamente en potencia y en acto; solo lo puede ser respecto a algo distinto. Ejemplo: lo que es caliente en acto, no puede ser al mismo tiempo caliente en potencia, pero sí puede ser en potencia frío. Igualmente es imposible que algo mueva y sea movido al mismo tiempo, o que se mueva asimismo. Todo lo que se mueve necesita ser movido por otro. Este proceder no se puede llevar indefinidamente, porque no se llegaría al primero que mueve. Ejemplo: un bastón no mueve nada si no es movido por la mano. Por lo tanto, es necesario llegar a aquel primer motor al que nadie mueve. En este, todos reconocen a Dios.*

## Respuesta a la primera vía

Para responder este principio, debemos analizar dos aspectos históricos:

Primero, el año en que Tomás de Aquino comienza a escribir *la suma teológica,* (1265) que es donde expone este primer principio o vía sobre el movimiento, para demostrar la existencia de Dios misericordioso y sabedor de todo; coincide con la última guerra de los cruzados, ordenada por el papa Inocencio III, contra los habitantes de la ciudad de Albi, los albigenses, en el sur de Francia, porque tenían concepciones religiosas diferentes a las que la iglesia de Tomás de Aquino defendía hasta matar.

Cuando los generales más sanguinarios del ejército que defendían a Jesús Cristo, preguntaron al representante de Jehová, el Papa, que como se "movían" en la ciudad de los albigenses con sus espadas, para diferenciar a los creyentes y no creyentes. El inspirado por Dios, que es todo misericordia les respondió: *"mátenlos a todos, Dios sabrá cuales son los de él."* Más de 100 mil albigenses en un solo día se "movieron" hacia la muerte, por obra, gracia y espada del espíritu santo. Muchos de ellos fueron quemados vivos por inspiración divina, las mujeres fueron ultrajadas en las calles y los niños fueron asesinados en presencia de sus padres. A todo esto, los cristianos se "movían" en misas solemnes, glorificando a ese Dios lleno de misericordia y bondad.

Otro aspecto histórico que debemos analizar es que el 22 de junio de 1633, esto es más de 400 años después de que Tomás de Aquino, la luz de la iglesia católica, escribiera su principio de movimiento. El científico Galileo Galilei, fue sentenciado por el hecho de demostrar que la tierra se movía, o sea que todavía los anticientíficos representantes del Dios que todo lo sabe, no sabían que la tierra se "movía" sobre sus ejes. Entre Dios, los Papas, los anticientíficos y todo el conglomerado inspirados por el de allá arriba, que lo hizo todo, ignoraban el "movimiento"de rotación y traslación del planeta tierra.

¿Cómo viene el "doctor de la iglesia católica", a hablar de movimiento de todos los cuerpos, cuando 400 años después, la misma iglesia pide perdón por ignorar que Galileo tenía razón?

Pero, vamos a responderle en el mismo plano científico-filosófico a Tomás de Aquino (santo) que, para su desgracia, fue el mismo Galileo Galilei, quien en 1638 casi 450 años después de los "movimientos" de Aquino, descubrió la fuerza de gravedad que se ejerce sobre los cuerpos para sus movimientos.

Este descubrimiento, dio pie a que luego en 1684, "moviéndonos" 500 años más adelante de cuando Tomás de Aquino habló; Sir Isaac Newton, verdadero científico, matemático y físico; considerado el más grande de la historia. Del que todos los avances científicos de su época hasta el presente, tienen de base sus descubrimientos y teorías. Formuló la *Ley de la Gravitación Universal,* deducida de otra *Ley llamada del Movimiento.*

Esta ley afirma que:

*La atracción gravitatoria entre dos cuerpos, es directamente proporcional al producto de las masas de ambos cuerpos, e inversamente proporcional al cuadrado de la distancia entre ellos.*

Esto es que, todo cuerpo recibe, además de la fuerza de la gravedad, otra fuerza de otro cuerpo que lo empuja, pero si todas las fuerza convergentes, son de la misma magnitud, (llamada fuerza Newton) entonces el cuerpo permanecerá en reposo o en estado de inercia. (Movimiento constante).

Esto último, da lugar a otra ley de Newton que dice que:

*En la ausencia de fuerzas exteriores, todo cuerpo continúa en su estado de reposo o de movimiento rectilíneo uniforme, a menos que actúe sobre él (cuerpo) una fuerza que le obligue a cambiar dicho estado.*

Esta ley, junto a la *Ley de Gravitación Universal* explica los "movimientos" planetarios.

Nota: hartamente recomendamos no preguntarle a su pastor o cura, que le explique esto.

**Segunda vía** o prueba de la existencia de Dios, Según el doctor de la iglesia.

Vía de la causa eficiente:

*"Sin embargo, no encontramos, ni es posible, que algo sea causa eficiente de si mismo, pues sería anterior a si mismo, cosa imposible. En las causas eficientes no es posible proceder indefinidamente porque en todas las causas eficientes hay orden: la primera es causa de la intermedia; y esta, sea una o múltiple, lo es de la última. Puesto que, si se quita la causa, desaparece el efecto, si en el orden de las causas eficientes no existiera la primera, no se daría tampoco ni la última ni la intermedia. Si en las causas eficientes llevásemos hasta el infinito este proceder, no existiría la primera causa eficiente; en consecuencia no habría efecto último ni causa intermedia; y esto es absolutamente falso. Por lo tanto, es necesario emitir una causa eficiente primera. Todos la llaman Dios"*

En simples palabras, todo efecto tiene su causa. La humanidad es un efecto, y su causa es Dios, quien es causa y efecto de él mismo.

## Respuesta a la segunda vía

Sería bueno saber, cuáles son los fundamentos que Tomás (santo) usó para asegurar, que algo tan complejo como lo es esa entidad a quien llamamos Dios; complejo, porque dadas las cualidades atribuidas que son: súper poderoso, súper misericordioso, el señor que lo sabe todo, que lo ve todo y que todo lo puede; si algo tan complejo repito, pudo ser causa de sí mismo; esos mismos fundamentos, pueden alegarse para qué, todo el universo que es mucho más simple que aquella entidad divina, haya podido ser causa de sí misma también. Qué es lo que da pie a la teoría de la evolución.

O sea, que si Dios pudo hacerse el mismo, ¿por qué nosotros no?

## Tercera vía: de los seres contingentes.

*La tercera es la que se deduce a partir de lo posible y de lo necesario. Y dice: encontramos que las cosas pueden existir o no existir, pues pueden ser producidas o destruidas, y consecuentemente es posible que existan o que no existan. Es imposible que las cosas sometidas a tal posibilidad existan siempre, pues lo que lleva en sí mismo la posibilidad de no existir, en un tiempo no existió. Si, pues, todas las cosas llevan en sí mismas la posibilidad de no existir, hubo un tiempo en que nada existió. Pero si esto es verdad, tampoco ahora existiría nada, puesto que lo que no existe no empieza a existir más que por algo que ya existe. Si, pues, nada existía, es imposible que algo empezara a existir; en consecuencia, nada existiría; y esto es absolutamente falso. Luego no todos los seres son solo posibilidad; sino que es preciso algún ser necesario. Todo ser necesario encuentra su necesidad en otro, o no la tiene. Por otra parte, no es posible que en los seres necesarios se busque la causa de su necesidad llevando este proceder indefinidamente, como quedó probado al tratar las causas eficientes número 2. Por lo tanto, es preciso admitir algo que sea absolutamente necesario, cuya causa de su necesidad no esté en otro, sino que él sea causa de la necesidad de los demás. Todo le dice Dios.*

## Respuesta a la tercera vía

**Primero**, el santo, se enreda en su propia maraña cuando dice "todo ser necesario encuentra su necesidad de otro o no la tiene" nos gustaría preguntarle al santo, si este ser tiene o no necesidad de otro ser. Vamos a partir de que si tiene necesidad de otro ser, entonces se entendería, que, para que el mundo existiera fue necesario que existiera Dios.

Pero, partiendo de este mismo punto que propone santo Tomás, ¿quién, necesitó que Dios existiera (si no había nadie)? ¿qué o cuál fue la necesidad de que Dios existiera? así pues, como un ser no existe ante de existir, la existencia de Dios, no fue nunca necesaria, pues, no existía un ser que lo necesitara. Por consecuencia, Dios no existe y nunca ha existido.

Más bien, es evidente, de que los hombres han ido supliendo sus necesidades, y bien o mal resolviendo los problemas de supervivencia; fabricando sus propios utensilios para cubrirse de las desgracias naturales; su propia medicina, para librarse de las pestes, de las pandemias; y cuando no ha tenido solución, aunque sin necesidad, ha tenido que pagar soportando la inclemencia del tiempo, y hasta que, males como: Trujillo, Hitler, Pinochet o Stalin, caigan por su propio peso.

Mientras la humanidad necesita de verdaderos milagros, las divinidades de allá arriba, se la pasan haciendo "milagrosas" apariciones de las vírgenes en ventanillas, árboles, y cualquier otro lienzo. Milagros que no constituyen, a mi modo de entender; ninguna solución a ningún problema de la más mínima dimensión, que sería necesario resolver.

Siguiendo con la tercera vía, propuesta por Tomás, para justificar la existencia de Dios. El doctor de la Iglesia Católica dice: "que es preciso admitir algo que sea absolutamente necesario, cuya causa de su necesidad no esté en otro […]"

Lo expuesto en esta última parte, es que como dijimos en párrafo anterior, nadie ni nada necesitó que Dios existiera, entonces, esto quiere decir que Dios sintió necesidad de hacerse el mismo (porque su necesidad no está en otros sino en él, de acuerdo a Tomás de Aquino)

En conclusión, el señor de Aquino, quiere que entendamos lo siguiente: que Dios no existía, pero el universo (que tampoco existía) necesitaba que él existiera, para luego nosotros existir, entonces, Dios dijo: yo necesito existir y existió. (Desde luego, él debió haber existido antes, para ver la necesidad que había de que él existiera) y entonces, él decidió existir definitivamente.

**La cuarta vía:** Habla de la jerarquía de valores que encontramos en las cosas, algunas serán más, algunas eran menos.

*"Pues nos encontramos que la bondad, la veracidad, la nobleza y otros valores se dan en las cosas. En una más y en otras menos. Pero este más y este menos se dice de las cosas en cuanto que se aproximan más o menos a lo máximo. Así, caliente se dice de aquello que se aproxima más al máximo calor. Haya algo, por tanto, que es muy veraz, muy bueno, muy noble; y, en consecuencia, es el máximo ser; pues las cosas que son sumamente verdaderas, son seres máximos, como se dice en (aquí se hace una cita literaria) como quiera que en cualquier género, lo máximo se convierte en causa de lo que pertenece al género -así el fuego, que es el máximo calor, es causa de todos los calores, como se explica en el mismo libro citado, del mismo modo hay algo que en todos los seres es causa de su existir, de su bondad, de cualquier otra perfección. Le llamamos Dios.*

## Respuesta a la cuarta vía

Sí, Tomás de Aquino, es cierto que Dios conceptual, es bondad y misericordia, y que quien practica esta bondad y esta misericordia (que no creo que los sanguinarios, pedófilos, anticientíficos cristianos, de los cuales la misma Iglesia se ha pasado su existencia pidiendo perdón, se lleven el primer lugar en misericordiosos) están más cerca de ese concepto que es Dios; pero señor de Aquino, no es absolutamente necesario que se crea, ni siquiera, en ninguna teoría específica de la creación del hombre, para ser bondadoso y misericordioso. Más aún, por cuántas veces tenemos que repetirles a los ciegos creyentes, que han sido las organizaciones religiosas; las que creen en Dios, que han librado las batallas más sangrientas; que nunca en la historia de la humanidad una organización laica o atea, se ha levantado contra nadie, ni siquiera teóricamente, porque lo único que hacen estas organizaciones laicas, es denunciar y advertir a los fieles creyentes que los están usando como bala de cañón para hacer carnicerías, que los están usando para practicar pedofilia con sus hijos, que no sean fundamentalistas, y respeten el derecho que tiene cada quien de aceptar o no, cualquier divinidad, independientemente difieran unas de otras. Y para decir esto, los laicos o ateos, no han requerido nunca, ni un diezmo, ni una ofrenda, ni ningún sacrificio de sangre, Señor de Aquino.

Es decir: que el hombre no necesita de la existencia de Dios, para ser extremadamente bueno, bondadoso y misericordioso, y que estas cualidades no son marcas registradas de ningún ser de

ultra mundo. Más bien, son propiedades intrín-
secas de la humanidad, siendo paradójicamente 
las iglesias quienes defendiendo su diezmo, han 
retardado su manifestación.

**La quinta vía:** Trata del orden y diseño de 
la naturaleza, alegando que debió ser hecho por 
alguien inteligente.

*"La quinta se deduce a partir del ordenamiento 
de las cosas, pues vemos que hay cosas que no tienen 
conocimiento, como son los cuerpos naturales, y que 
obran por un fin. Esto se puede comprobar observando 
como siempre o a menudo obran igual para conseguir 
lo mejor. Donde se deduce que, para alcanzar su objetivo, no obran al azar, sino intencionadamente. Las 
cosas que no tienen conocimiento no tienden al fin sin 
ser dirigidas por alguien con conocimiento e inteligencia, como la flecha por el arquero. Por lo tanto, hay 
alguien inteligente porque todas la cosas son dirigidas 
al fin. Le llamamos Dios.*

## Respuesta a la quinta vía

¡Pero don Tomás!!! ¡Por el amor de Dios! ahora que usted es santo y está allá arriba, debe de 
estar avergonzado de haber escrito esto. Porque 
usted ha visto, que ha sido la Iglesia en nombre

de ese que usted llama Dios inteligente, o el Dios inteligente a través de lo anticientífico de la Iglesia, que han tenido que arrodillarse y pedir perdón al mundo y a las comunidades científicas, por el ridículo que hicieron ignorando los conocimientos elementales de astronomía, matemáticas y medicina, y de los atentados a la libertad de expresión y difusión del pensamiento usando la prohibición de publicar escritos científicos, calificándolos de herejes, por un puro interés egoísta particular de sus militantes.

¡Pero don Tomás!!! ¡Por todos los santos! (incluyéndolo a usted) ¿no han sido las sanguinarias creencias, dirigidas por ese inteligentísimo, que han producido los asesinatos y llevados a quemar en la hoguera a millones de seres humanos, a fin de conseguir y mantener "fieles creyentes"; ya que no han tenido otro método un poquito más inteligente que este?

Tomás de Aquino, en su quinta tesis de demostración de la existencia de Dios, alude que las cosas no obran al azar, sino **intencionadamente**.

No, señor Tomás de Aquino, me niego a pensar, que ese señor Dios que usted describe como bondadoso, misericordioso y súper inteligente, no quiera iluminar con un poquito de su vasta

inteligencia, a algunos de sus anticientíficos de 
la tierra, o al pueblo colombiano, para solucio-
nar el problema de la guerrilla de las FARC y 
las otras guerrillas; y que sea "intencional", el 
prolongar la agonía de este pueblo.

No quiero creer, que Jehová, "**intencionalmente**" no quiera iluminar, a través de alguien 
aquí en la tierra, a los organizadores de la ETA y 
sus correligionarios, a fin de conseguir una solución diplomática para satisfacer sus necesidades 
morales y étnicas, éticamente aceptadas.

Pero, ¿qué de inteligente tiene prolongar "**intencionalmente**" el virus de la viruela por más 
de 300 años, para provocar más de 40 millones 
de seres humanos muertos? Donde hasta ahora, se le atribuye el descubrimiento de la vacuna 
para este mal, a una observación científica, no a 
un anticientífico de la Iglesia, ni a ninguna aparición milagrosa de ninguna virgen

Asimismo, no podría creer lo que dice Tomás 
de Aquino, de que es una acción "**intencional**" 
de Jehová, el hambre que se está pasando en 
todo África y el mundo.

Para referirnos a la primera parte de su quinta teoría, que trata del ordenamiento de las cosas, ya hemos hecho referencia en otro capítulo 
de este mismo tratado, titulado el albedrío, donde nos preguntamos:

¿Cual es el orden que tenemos?, ¿dónde está el manual de procedimiento?, ¿quién lo aplica y a quién se le aplica?

Y con respecto al fin a que refiere Tomás, cerramos este capítulo con una pregunta abierta: ¿cuáles son los medios que ha usado el señor Jehová, para lograr ese fin?

# Capítulo VII

La verdadera Cruzada

# La verdadera Cruzada

Los rencores y la ignorancia, aún sean en respuesta a un mal, no son menos inmorales y antiéticos que el mal al cual se responde. No reduce el daño causado, una acción de venganza contra ese mal.

El hombre en toda la trayectoria de su vida, busca su bienestar y la de los suyos, esto es bueno, luego el hombre por naturaleza es bueno.

Para conseguir la primera parte de este enunciado, su bienestar; el hombre procura no transgredir ninguna norma moral o como la llama Immanuel Kant, *la ley moral*; esto es, no solo sentirse bien con lo que ha hecho, sino sentirse bien con lo que va hacer y con lo que quiere hacer; tampoco procura transgredir ninguna ley natural (por lo menos, los hombres del siglo XXI, estamos más conscientes, que el calentamiento global, será provocado por la violación a los códigos del medio ambiente). Pues la naturaleza tal y como está, proporciona la posibilidad de que seamos seres endémicos en esta tierra. Tal y como le pasó a Robinson Crusoe, quien al quedar solo en su isla, se proporcionó con su propias manos, alimentos, utensilios y vivienda.

Como máximo esfuerzo para procurar su bienestar, el hombre también procura cumplir con la ley del hombre, soñando en el fondo, con la República de Platón y porqué no, con la de Tomás Moro, que pregonan, la tolerancia religiosa y que la tierra pertenece a todos los que forman *la cruzada por la humanidad.*

El hombre es un ser mutuo, social. No es una unidad, es un parte de un todo. Es decir, que al hablar del bienestar de los suyos, que es la segunda parte del enunciado anterior, es extremadamente indigno limitar el concepto "suyo".

Lo que quiero decir es, por ejemplo: si tenemos una competencia deportiva, y usted querido lector y yo, pertenecemos al equipo de *la cruzada por la humanidad,* ¿contra quién jugaríamos? Contra nadie, por que no tenemos rival, no tenemos contrario, somos un equipo, tenemos que halar de forma unísona, para el mismo lado de la cuerda: que es la supervivencia y el bienestar de nuestros días.

En los anales de la historia universal, se registra como primer grupo humano, el pueblo nómada; un grupo de hombres que se trasladaban de lugar en lugar buscando subsistir. Para ese entonces no había subgrupo, eran un solo grupo con un fin común.

La característica principal de estos grupos, es que tenían ciertas creencias basadas en ignorancia, (por ejemplo ignorar que la tierra giraba) creían que los elementos naturales, eran propiamente Dios, como referimos en el primer capítulo; trayendo como consecuencia negativa, el castigo para quien "ofendiera" algunos de esos dioses.

Al encontrarse uno o más grupos nómadas, suscitaron dos fenómenos; que han costado mucha sangre, y muchas vidas de seres humanos:

El primer fenómeno, consistió en que, a medida que los grupos iban descubriendo el porqué de las cosas, las iban "desdivinizando", y a su vez iban reduciendo la cantidad de dioses. Desde luego, todavía nos queda una interrogante, que es: el por qué del hombre, su origen, su existencia, y su fin; y, por esa misma razón, todavía nos queda un "Dios", como respuesta a esos puntos.

El segundo fenómeno importante, que se situó al momento del encuentro de los grupos, fue cuando uno de ellos intentó imponer sus creencias, dando pie al nacimiento de las religiones, lo que dio a su vez, motivó a la gran división social, que hoy por hoy vivimos.

¿Por qué la matanza por las religiones? y, ¿cuál es la relación entre la religión y lo bueno o lo malo que sea el hombre?

Una ley no se transgrede, si no existe, y no existe si no se demuestra, si no se tiene la creencia de que preservarla, conlleva el bienestar social. Entonces, las religiones, tuvieron que crear un "malo", el diablo, el infierno; Tuvieron que, en contraposición a lo "bueno" que eran los intereses de ellos (de un determinado grupo) crear las leyes que, al no estar de acuerdo con ello, conllevaría la violación; y esto ha justificado a través del tiempo, la muerte de millones y millones de seres humanos, que pertenecen al mismo equipo de la humanidad.

De forma tal, que las religiones han formado parte del problema y no de la solución; han sido las religiones las que han traído la mayor división social en el mundo: Católica-Cristiana, Musulmán-Islam, Hinduismo, Judíos, Protestantes.

En cualquier organización, de cualquier naturaleza, de cualquier parte del mundo; podemos encontrar en sus estatutos, esto es; un libro, un folleto, unos escritos, donde se establece todo

lo relativo a su composición, sus fines, su nacimiento y en muchos de los casos, hasta su fin.
En ninguno de estos casos citados, se ha visto el
más mínimo intento de violación a los derechos
humanos del hombre, más bien, todas procuran
el bienestar sin perjuicio al más indefenso ser, de
lo cual, puedo dar mi personal testimonio, por
mi trayectoria en el ejercicio del derecho.

Desgraciadamente, no podemos decir lo mismo, si nos referimos a los textos religiosos, y menos podemos decir, si nos referimos a la práctica.

No es de un equipo de béisbol, no es de un
club de lectores, no es una agrupación de músicos; donde se usa el término fundamentalista,
donde se ha mandado a matar a los que no pertenecen a su propio grupo; es en el grupo de religioso donde existe tal división, es la religión la
que se ha encargado, de decirle al hombre que
existe lo malo, que existe el infierno; es la religión
la que se ha encargado de identificar al hombre con lo bueno y con lo malo, ofreciéndole lo
bueno, chantajeándole con la idea de que obli-
gatoriamente y automáticamente, de no aceptar
lo bueno (sea lo que sea que ellos ofrezcan, es
calificado de bueno) incurrirán en lo malo, que
también es una quimera fabricada por ellos. (El
demonio, el infierno y la gloria).

Tal es el caso de Theo Van Gogh, muerto en forma brutal, en manos de un radical fundamentalista, tumbándolo al suelo de un tiro y luego dándole 20 tiros más, a quemaropa, y apuñaleándole varias veces para finalmente degollarlo.

Esta forma de pensar, se ha transmitido a través de los tiempos, para satisfacción de la Iglesia, pues han logrado interferir y manejar la mente de los fieles creyentes, haciéndola pensar lo que ellos (la Iglesia) quieren.

Una amiga me dijo: "Castro, tú no eres ateo, porque tú eres muy bueno." ¡Ahí está!!! la Iglesia se ríe a carcajadas por su logro. Y dirían: *¡yesss!!!* lo logramos, inventamos el cielo y el infierno, y pusimos en la mente de los fieles creyentes, la idea de que el que no esté con uno, está con el otro.

Por eso, ustedes, queridos siervos, no pueden pensar por sí mismos, no pueden pensar de otra manera; esa fue la única alternativa que se les dieron para optar (una alternativa, consta de dos opciones, las cuales tú puedes alternar) (El cielo y el infierno)

Pero el tiempo a demostrado, a través de su largo transcurrir; lo ineficaz de estos inventos. Hemos visto a donde se nos ha llevado, y a dónde nos llevarán estas "guerras santas", además que pronostican protagonizar una tercera guerra mundial.

Hemos visto, cuantas vidas nos ha costado, cuantas humillaciones, cuantos honores de niños violados; tirados al suelo por los que profesan y practican estos inventos; cuantas personas como ustedes, queridos siervos creyentes y ciegos, están manejados y timados por esos pastores, rabinos, curas o como se les quiera llamar; haciéndolos a ustedes pensar y actuar respecto a lo bueno y a lo malo: el cielo y el infierno.

Lo ideal sería crear una cruzada donde participen todas las instituciones, civiles y militares, comerciales, deportivas y políticas; donde se lleve el mensaje, que el equipo llamado humanidad, tiene una verdadera cruzada por la paz y el hambre en el mundo. Que se les lleve este mensaje a los musulmanes, católicos, judíos, hindúes, budistas, con la participación de los gobiernos en la verdadera democratización de las libertades religiosas en las escuelas públicas y privadas.

Enseñar todas las religiones y la teoría de la evolución, que sería lo más científico, impartirlas en una misma materia, por profesores laicos, para evitar prejuicios, y transmitir así, la cultura de los pueblos.

No permitir a ninguna iglesia, bautizar a ninguna persona considerada menor de edad. Así se pone en práctica el verdadero albedrío de los pueblos y la verdadera libertad de culto.

Los gobiernos deben hacer todo lo posible, para que los curas, pastores, sacerdotes y demás miembros de cualquier iglesia, puedan incorporarse a la vida laboral. Deben darles facilidades, para que esos eclesiásticos, presenten al final del año su declaración de impuestos, a fin de que puedan demostrar así a los creyentes, que no estuvieron viviendo del dinero que les mandan a Dios mediante la ofrenda o el diezmo.

Debe crearse una institución, o asignarle a la institución ya creada, como la organización de las Naciones Unidas (ONU) la vigilancia de la enseñanza y el cumplimiento de la Declaración Universal de los Derechos Humanos, ya que, "el desconocimiento y el menosprecio de los derechos humanos, han originados actos de barbarie ultrajante para la conciencia de la humanidad".

Pero que sea una verdadera cruzada, por este equipo llamado humanidad; para que no quede en letras muertas como hasta el día de hoy, ya que no es verdad, que en todas las escuelas y demás organizaciones de enseñanza, han sido expuestos, distribuidos, leídos, comentados, en-

señados y discutidos, todos estos preceptos de la 
Declaración Universal de los Derechos Humanos, y demás normas que en este trabajo recomendamos.

El artículo 25 de la declaración Universal de 
los Derechos Humanos dice:

1.  *Toda persona tiene derecho a un nivel de vida ade-*
    *cuado que le asegure, así como a su familia, la salud*
    *y el bienestar, y en especial la alimentación, el ves-*
    *tido, la vivienda, la asistencia médica y los servicios*
    *sociales necesarios; tiene asimismo derecho a los se-*
    *guros en caso de desempleo, enfermedad, invalidez,*
    *viudez, vejez u otros casos de pérdida de sus medios*
    *de subsistencia por circunstancias independientes de*
    *su voluntad.*

2.  *La maternidad y la infancia tienen derecho a cuida-*
    *dos y asistencia especiales. Todos los niños, nacidos*
    *de matrimonio o fuera de matrimonio, tienen derecho*
    *a igual protección social.*

Estos derechos de equidad y libertad, no solo 
deben ser reclamados de forma activa, por quien 
los carece, más bien deben ser activamente cedi-
dos por quien dispone de ellos. Debemos ir hacia 
los necesitados de libertad, de economía, de educación, de salud.

Podemos citar como caso activo, a las personas, quienes de una manera u otra, ya sea con su dinero o su tiempo; contribuyen a que estos derechos, lleguen a los necesitados en cualquier parte del mundo.

Además de la lista de personas, con sus respectivos montos admirables, mencionada por Bill Clinton, en su libro *"giving"* (dando), podemos citar otras personalidades e instituciones, del mundo del arte: la fundación puertorriqueña Ricky Martín; la Fundación Pies Descalzos de la colombiana Shakira; Fundación Dominicana, Corazones Unidos; Fundacion Bill Clinton, de quien fuera Presidente de los Estados Unidos de América, y Bill & Melinda Gates Fundation, de los también estadounidenses, Bill Gates y su esposa Melinda Gates, entre otras también muy importante.

Tenemos que ir a los lugares más necesitados del planeta, a poner en desarrollo la parte activa de dar.

Tenemos que crear una política de enseñanza, que consista en incentivar el amor por la humanidad, y mantener esta conducta como parte de nuestra cultura, y cuando digo nuestra, me refiero al mundo, nuestro mundo.

Como dijo el ilustre Facundo Cabral,

"Una sola religión: la del amor"

"Un solo lenguaje: el del corazón"

"Una sola raza…: la humanidad."

## VII.1 El calentamiento global.

Otro flagelo, además de las religiones, que amenaza con destruir totalmente nuestro equipo de la humanidad, es el calentamiento global.

Pero antes de adentrarnos a tratar este asunto, vamos a "rogar a Dios" para que los anticientíficos religiosos, no interfieran ridículamente, acusando y tratando de matar (Como otrora lo hicieron) a los verdaderos científicos y a todos los que tratamos el tema; y nos deje (a los hombres y mujeres) resolver este problema, como hemos resuelto los demás hasta ahora. Y que, las "vírgenes" se dediquen a hacer otro tipo de "milagros" que trasciendan las simples e ineficaces apariciones en mantos, vidrios y otros lugares. (Y dejen de estar resolviendo problemas domésticos, de que fulana encontró un marido. Por ejemplo.)

Dijimos en el capítulo II, que millones y millones de años atrás, nuestro querido planeta, debido a la gran cantidad de dióxido de carbono existente en el medio ambiente, no estaba acto para que el hombre, como ha evolucionado pueda vivir; pero si en la forma evolutiva como se encontraba entonces. Dijimos también, que tuvimos que esperar hasta que, el oxígeno producido por la fotosíntesis, fuera más que el dióxido de carbono encontrado en el ambiente y existía de forma natural.

Ahora el hombre actual necesita energía, y para producir esta energía, ha tenido que recurrir a la quema de combustibles o carbón natural, lo que provoca la producción en masa del dióxido de carbono.

Al producir esta gran cantidad de dióxido de carbono, el mismo proceso de fotosíntesis hecho por nosotros los humanos y por las plantas, no es suficiente, para convertirlo en oxígeno como millones de años atrás.

Otros gases, además del dióxido de carbono, son producidos por el consumo de combustible o la quema de carbón; pero es el dióxido de carbono el que, cuando se acumula en nuestra atmósfera, impide que el vapor de agua desde nuestros océanos, cuando se calienta por los rayos solares, salga de nuestra atmósfera, y esto produce el aumento de temperatura en nuestro planeta. Estos gases se llaman: *gases de efecto de invernadero.*

Pero, no son las fábricas las que queman los combustibles orgánicos, para producir la energía que necesitamos, las culpables de la producción de dióxido de carbono. Es en el hombro de cada uno de nosotros, el ciudadano común, que pesa la responsabilidad de ahorrar energía en nuestras casas, en nuestra oficina, manejando nuestros carros; con lo que, reduciremos la demanda de energía y por ende la producción y automáticamente, la reducción de quema de combustible.

No solamente la quema de combustibles para producir energía, es la causa del calentamiento global; también se usan los combustibles para producir artículos plásticos como la botellita de agua y la funda plástica que se usa en el supermercado.

Y por último, otra de las principales fuentes que contribuyen al calentamiento global, es la de los árboles. La deforestación que se produce para fabricar toda la papelería que usamos en nuestro diario vivir, porque las plantas son los pulmones del planeta, trabajando como ya dijimos anteriormente, en la fotosíntesis, tomando el dióxido de carbono, y devolviéndolo como oxígeno fresco, listo para ser consumido por nuestro organismo.

Todo lo que existe en nuestro planeta, no es dañino si se aplica (o consume) en cantidad regulada. El dióxido de carbono, es indispensable para la existencia humana; pero, en cantidad que sobrepase los límites de esa necesidad, amenaza con destruirnos; siendo este factor, la principal causa para el calentamiento global.

Afortunadamente, es el hombre quien produce el exceso de dióxido de carbono en el aire, que es el que hace daño. ¿Por qué digo afortunadamente? Porque siendo el hombre quien lo produce, fácilmente debemos, y estoy seguro de que podemos, implementar alternativas terrenales (no divinas) que conlleve la disminución del dióxido de carbono a una cantidad tolerable para la existencia humana. Alternativas, que en este mismo tratado facilitamos para su implementación en manos de cualquier ciudadano común.

Lo bueno de la implementación de las medidas de ahorro de energía en su casa, su trabajo y en su vida diaria, es que los beneficios son económicos e inmediatos para sus bolsillos. Veamos:

1- Ahorro desde el mismo minuto en que se implementan las medidas, en la factura y mantenimiento de los equipos eléctricos.

2- Beneficios inmediatos, al disfrutar de un medio ambiente sano y la tranquilidad moral de saber que estamos haciendo un mundo mejor para nuestras futuras generaciones.

3 - La integración de la humanidad, en un solo equipo al saber que estamos todos unidos para la conservación de nuestro planeta, sin necesidad de tomar en cuenta a qué religión se pertenece para hacer la verdadera cruzada por la humanidad.

La Agencia Ambiental de los Estados Unidos, ha dado varias sugerencias para evitar el calentamiento global, las cuales ponemos a su disposición.

## Primero:

a.- Seleccionar nuestro equipo de oficina, como la computadora, fotocopiadoras, fax, impresora y electrodomésticos; para nuestro hogar: nevera, televisor, radio, DVD, etc.; que sean de bajo consumo eléctrico; para esto debemos fijarnos que tengan la etiqueta azul que diga: ENERGY STAR.

Estos equipos eléctricos, consumen 70% menos energía que los que no tienen esta etiqueta.

b.- Usar tomacorriente o extensión con interruptor de encendido, que permita conectar varios de estos equipos a la vez. Esto permitirá, el segundo paso, que es:

c.- Apagar todos los equipos eléctricos que no se estén utilizando. Muchos equipos eléctricos, incluyendo el cargador de su celular, siguen consumiendo energía, aún estén apagados, llamada energía fantasma. Esto se puede evitar ahora mismo, desconectando los equipos o apagando el interruptor de toma corriente donde estén conectados.

El 75% de la energía que consume la mayoría de estos aparatos, se hace cuando están apagados, si se dejan conectados.

Esto incluye, el monitor del computador, cuando lo dejamos en el modo protector de pantalla o *screen saver*, consume más energía que cuando lo dejamos apagado. Debemos:

d- Programar nuestro computador, para que automáticamente después de unos pocos minutos, se vaya al modo de apagado.

e.- También en nuestra casa, y oficina debemos de cambiar las bombillas tradicionales por las bombillas fluorescentes; estas bombillas consumen 60% menos energía que las convencionales; además producen meno calor y su duración es cuatro veces mayor, amén de que su eficiencia es 75% más que un bombillo regular.

Si cambiamos toda la iluminación de la casa con estas lámparas fluorescentes, consumiremos 50 por ciento menos energía, y los costos de compra de bombillas al año serán de un 35 por ciento menos.

De esta manera, luchando contra el calentamiento global, se incrementa nuestra cuenta de ahorro en el banco.

## Segundo:

f.- No use bolsa o funda de plástico, en su lugar use bolsa de tela o de lana. Para hacer 14 bolsas plásticas se quema la misma cantidad de petróleo, que quemaría un carro recorriendo una milla.

g.- Cuando vaya a la tienda, procure que todos los productos de papel que compre, tengan el símbolo que indique, que están hechos con un 30 por ciento o más de papel reciclado. La fabricación de papel reciclado, consume 80 por ciento menos energía que en la fabricación del papel de madera.

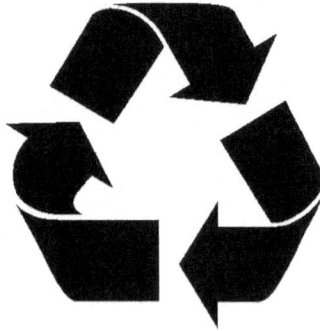

Símbolo de reciclaje

En el año 2006, una de las mayores compañía productora de papel, usó más 2.7 millones de toneladas métricas de árboles para hacer servilletas, papel de baño y toallas de papel. Mientras más árboles cortamos para hacer papel, más dióxido de carbono se quedará en la atmósfera, porque habrá menos árboles para convertirlo en oxígeno.

El dióxido de carbono producido por una familia en un año, es eliminado por una hectárea de árboles; un solo árbol elimina una tonelada de dióxido de carbono en toda su existencia.

## h.- PLANTAR UN ARBOL HOY

En lo adelante, hasta para beberse un café en la cafetería de la esquina, exíjanle que sea servido en una tasa de cerámica o de material reciclado.

Este es el símbolo de los países de la Unión Europea, que indica, que la fábrica que comercializa los productos que lo contengan, es respetuosa del medio ambiente, y contribuyen al ahorro de energía.

Símbolo de reciclaje
Unión Europea

## Tercero:

i.- Cambiar su carro convencional, por un carro híbrido. El vehículo híbrido, es el que usa una combinación inteligente de electricidad y combustible.

Usando este vehículo, no tendrá que preocuparse en cambiar uno y otro sistema, el carro sabe cuándo usar la batería o el motor.

Un coche convencional recorre 15 millas por galón de combustible, mientras que un coche híbrido correría 36 millas por galón, esto significa un ahorro de otro 50 por ciento del dinero que se gastaba semanalmente en combustible, pero que ahora se quedará durmiendo en su banco. Además de que produce tres veces menos dióxido de carbono.

En otras palabras, es como si le pagaran en efectivo por contribuir al medio ambiente.

La ciudad de Nueva York, es la ciudad con la flotilla más grande de autobuses híbridos.

En Europa, el transporte representa una quinta parte del consumo de energía, y es el que representa la mayor fuente de dióxido de carbono.

La Comisión Europea para la eficiencia energética, ha propuesto garantizar que los nuevos vehículos vendidos en la Unión Europea, no emitan más de 120 gramos de dióxido de carbono por kilómetro.

Ya para el presente año 2008, las principales casas de fabricación de vehículos, Honda, Lexus, Toyota, Ford, Mercury, Saturn, Chevrolet, etc. tienen disponible el modelo híbrido de su preferencia.

Pero, hasta que se compre un vehículo híbrido, que ya están disponibles en el mercado, les recomendamos que para usar el coche de combustible convencional, que casi está anticuado, tomar los siguientes puntos en consideración:

1- Mantener una marcha constante.

2- Desacelerar suavemente.

3- Mantener la presión de aire en los neumáticos correctamente, revisarlos con frecuencia; esto ahorrará el 3% de combustible usado.

4- No frenar ni acelerar bruscamente

5- Usar el control de velocidad o velocidad de crucero, esto ayuda a mantener una celeridad constante y menos consumo de combustible.

## VII.2 Todos juntos

Los gobiernos, también tienen su cuota de participación, tanto en incentivar y crear actividades con políticas de educación e implementación de medidas tendentes a controlar la producción indiscriminada de dióxido de carbono, así como también, a encaminar medidas para el ahorro de energía.

Deben comprometerse a buscar alternativas de producción eléctrica, como son la llamada energía renovable. Holanda, fue el primer país que usó los molinos de viento, en el 1600 para pompear agua de los ríos.

Construir plantas hidroeléctricas, fomentar la construcción de paneles solares, en casas, escuelas, y edificios gubernamentales.

En los Estados Unidos de Norteamérica, la mayoría de los alcaldes, han firmado un acuerdo para bajar el nivel de emisión de dióxido de carbono en sus ciudades, este acuerdo es llamado acuerdo para la protección del clima, de los alcaldes americanos.

La Unión Europea, tiene a su vez, la Comisión Europea para la Eficiencia Energética, asimismo en las Naciones Unidas, existe la Comisión Intergubernamental sobre el Cambio Climático (IPCC).

La verdadera cruzada, es llevar el mensaje, aunque tenemos ya organizaciones que están trabajando; pero, la otra parte del equipo de la humanidad, debemos participar de forma activa: Músicos, compositores, escritores (yo), locutores, pintores, profesores; todos juntos tenemos que tomar conciencia de esto. Podemos llegar a todas las culturas, a todos los niveles sociales, económicos; y a todas las edades.

Sí, mi admirado colega, Baltasar Garzón, debemos vivir en un mundo sin miedo; sin miedo a las religiones, que como citara Karl Marx: *"La religión es el opio de los pueblos";* porque a lo largo de los años, nos han drogado, y no nos han despertado jamás. Así nos prefieren. Nos han leído los mismos versículo de la Biblia, domingo tras domingo, generación tras generación.

Dice Ernesto Sábato que: "aunque ni la ciencia, ni el universo, ni mi compromiso con el movimiento revolucionario hayan saciado mi angustiada sed de absoluto, reivindico el haber vivido entregado a lo que me apasionó."

Yo, por mi parte, advierto que lo escrito aquí, podría generar en los poseídos, en los sectores que nacieron con el pan y la flor en sus respectivas partes del cuerpo; en los anticientíficos pastores; intenciones maléficas de atentar contra mi vida; nada de eso importa, pues yo lo hago por la humanidad, y parafraseando una canción popular: aun me maten, pero no fue por mala fe, hice lo que tenía que hacer.

Que me quemen en la hoguera, sí, pero que me enseñen la licencia, la concepción que Dios le ha dado para manejar este asunto, porque de no ser así, tanto ellos como yo tenemos el mismo derecho de opinar sobre nuestra, repito, nuestra existencia, la existencia de la humanidad.

Yo no tengo que poner bombas ni estallar aviones, ni quemar en la hoguera a nadie porque no crea que las cosas son como digo; yo no vivo de diezmos, el que quiera seguir siervo o mejor dicho, ciego, que bien le vaya. Y que Jehová, Alá, Brahma o el Universo, me perdonen. Amén.

# BIBLIOGRAFIA

*Atlas Bíblico Oxford*. Ediciones Paulinas. 1988, Madrid, España.

Balaguer, Joaquín, *España Infinita*. Editora Corripio. 1997, Santo Domingo, República Dominicana.

Besant, Annie. *Las siete grandes religiones*. Ediciones Valles de México, 1994, México.

Champdor, Albert. *El libro Egipcio de los Muertos*. Editorial Edadf, S.A.1982. Madrid.

Darwin, Charles. *El Origen de la Especie*. Longseller, 2004. Buenos Aires.

David, Laurie y Cambia Gordon. *The Down to Earth Guide to Global Warming*. Scholastic Inc. 2007, EE.UU.

David, Philip R. *Los Rollos del Mar Muerto y su Mundo*. Alianza Editorial, 2002, Madrid.

De Aquino, Tomás. *Suma de Teología,* Vol. I. Biblioteca de Autores Cristianos, 1994. Madrid.

Descartes, René. *Discurso del Método*. Longseller S.A, 2006, Buenos Aires, Argentina.

*El Corán. Traducción Comentada*. Berbera Editores. S.A, México,

*El Libro de Mormón.*1992, Estados Unidos de América.

Hawking, Stephen. *Brevísima historia del tiempo*. Egedsa, 2005, España.

*Historia Universal Océano*, océano Grupo editorial, S.A. España.

Josefo, Flavio, *Contra Apión,* Biblioteca Clásica Gredos, 1994, Madrid.

Kant, Immanuel. *La Religión dentro de los limites de la razón.* Alianza Editorial, S.A,2001.Madrid.

Keene, Michael, Religiones del mundo. Alamah, 2003. EE.UU.

Oparín, Alexadr. *El origen de la vida.* Editorial Océano de México, S.A. 2004, México.

Lopez, Ediberto. *Cómo se formó la Biblia.* Editora Augsburg Fortrees, 2006. EE. UU.

Sabato, Ernesto. *Uno y el Universo.* Editora Espasa Calpe. 1995. Argentina.

*Sagrada Biblia. Traducción de La Vulgata Latina (1884).* Hedías Internacional LTD, 1999. Santafé de Bogotá, DC. Colombia.

*Santa Biblia,* versión Reina −Valera, 1960. 2004, Brasil.

Savatel, Fernando. *La vida eterna.* Editorial Ariel. 2007, España.

Savater, Fernando. *Los Diez Mandamientos en el siglo XXI.* Editorial Sudamericana.

Zinn, Howard. *La otra historia de los Estados Unidos.* Siete Cuentos Editorial, 2001. EE.UU. 2da. Edi

# ANEXO

## Declaración Universal
## de los Derechos Humanos

# Declaración Universal
de los Derechos Humanos

*Adoptada y proclamada por la Resolución de la Asamblea General 217 A (III) del 10 de diciembre de 1948*

*El 10 de diciembre de 1948, la Asamblea General de las Naciones Unidas aprobó y proclamó la Declaración Universal de Derechos Humanos, cuyo texto completo figura en las páginas siguientes. Tras este acto histórico, la Asamblea pidió a todos los Países Miembros que publicaran el texto de la Declaración y dispusieran que fuera "distribuido, expuesto, leído y comentado en las escuelas y otros establecimientos de enseñanza, sin distinción fundada en la condición política de los países o de los territorios".*

# Preámbulo

**Considerando** que la libertad, la justicia y la paz en el mundo tienen por base el reconocimiento de la dignidad intrínseca y de los derechos iguales e inalienables de todos los miembros de la familia humana;

**Considerando** que el desconocimiento y el menosprecio de los derechos humanos han originado actos de barbarie ultrajantes para la conciencia de la humanidad, y que se ha proclamado, como la aspiración más elevada del hombre, el advenimiento de un mundo en que los seres humanos, liberados del temor y de la miseria, disfruten de la libertad de palabra y de la libertad de creencias;

**Considerando** esencial que los derechos humanos sean protegidos por un régimen de Derecho, a fin de que el hombre no se vea compelido al supremo recurso de la rebelión contra la tiranía y la opresión;

**Considerando** también esencial promover el desarrollo de relaciones amistosas entre las naciones;

**Considerando** que los pueblos de las Naciones Unidas han reafirmado en la Carta su fe en los derechos fundamentales del hombre, en la dignidad y el valor de la persona humana y en la igualdad de derechos de hombres y mujeres, y se han declarado resueltos a promover el progreso social y a elevar el nivel de vida dentro de un concepto más amplio de la libertad;

**Considerando** que los Estados Miembros se han comprometido a asegurar, en cooperación con la Organización de las Naciones Unidas, el respeto universal y efectivo a los derechos y libertades fundamentales del hombre, y

**Considerando** que una concepción común de estos derechos y libertades es de la mayor importancia para el pleno cumplimiento de dicho compromiso;

La Asamblea General proclama la presente

**Declaración Universal de Derechos Humanos** como ideal común por el que todos los pueblos y naciones deben esforzarse, a fin de que tanto los individuos como las instituciones, inspirándose constantemente en ella, promuevan, mediante la enseñanza y la educación, el respeto a estos derechos y libertades, y aseguren, por medidas progresivas de carácter nacional e internacional, su reconocimiento y aplicación universales y efectivos, tanto entre los pueblos de los Estados Miembros como entre los de los territorios colocados bajo su jurisdicción.

## Artículo 1

Todos los seres humanos nacen libres e iguales en dignidad y derechos y, dotados como están de razón y conciencia, deben comportarse fraternalmente los unos con los otros.

## Artículo 2

1. Toda persona tiene todos los derechos y libertades proclamados en esta Declaración, sin distinción alguna de raza, color, sexo, idioma, religión, opinión política o de cualquier otra índole, origen nacional o social, posición económica, nacimiento o cualquier otra condición.

2. Además, no se hará distinción alguna fundada en la condición política, jurídica o internacional del país o territorio de cuya jurisdicción dependa una persona, tanto si se trata de un país independiente, como de un territorio bajo administración fiduciaria, no autónomo o sometido a cualquier otra limitación de soberanía.

## Artículo 3

Todo individuo tiene derecho a la vida, a la libertad y a la seguridad de su persona.

## Artículo 4

Nadie estará sometido a esclavitud ni a servidumbre, la esclavitud y la trata de esclavos están prohibidas en todas sus formas.

## Artículo 5

Nadie será sometido a torturas ni a penas o tratos crueles, inhumanos o degradantes.

## Artículo 6

Todo ser humano tiene derecho, en todas partes, al reconocimiento de su personalidad jurídica.

## Artículo 7

Todos son iguales ante la ley y tienen, sin distinción, derecho a igual protección de la ley. Todos tienen derecho a igual protección contra toda discriminación que infrinja esta Declaración y contra toda provocación a tal discriminación.

## Artículo 8

Toda persona tiene derecho a un recurso efectivo ante los tribunales nacionales competentes, que la ampare contra actos que violen sus derechos fundamentales reconocidos por la constitución o por la ley.

## Artículo 9

Nadie podrá ser arbitrariamente detenido, preso 
ni desterrado.

## Artículo 10

Toda persona tiene derecho, en condiciones de 
plena igualdad, a ser oída públicamente y con 
justicia por un tribunal independiente e impar-
cial, para la determinación de sus derechos y 
obligaciones o para el examen de cualquier acusación contra ella en materia penal.

## Artículo 11

1. Toda persona acusada de delito tiene derecho a que se presuma su inocencia mientras 
   no se pruebe su culpabilidad, conforme a 
   la ley y en juicio público en el que se le hayan asegurado todas las garantías necesarias 
   para su defensa.

2. Nadie será condenado por actos u omisiones 
   que en el momento de cometerse no fueron 
   delictivos según el Derecho nacional o internacional. Tampoco se impondrá pena más 
   grave que la aplicable en el momento de la 
   comisión del delito.

## Artículo 12

Nadie será objeto de injerencias arbitrarias en su vida privada, su familia, su domicilio o su correspondencia, ni de ataques a su honra o a su reputación. Toda persona tiene derecho a la protección de la ley contra tales injerencias o ataques.

## Artículo 13

1. Toda persona tiene derecho a circular libremente y a elegir su residencia en el territorio de un Estado.

2. Toda persona tiene derecho a salir de cualquier país, incluso del propio, y a regresar a su país.

## Artículo 14

1. En caso de persecución, toda persona tiene derecho a buscar asilo, y a disfrutar de él, en cualquier país.

2. Este derecho no podrá ser invocado contra una acción judicial realmente originada por delitos comunes o por actos opuestos a los propósitos y principios de las Naciones Unidas.

## Artículo 15

1. Toda persona tiene derecho a una nacionalidad.

2. A nadie se privará arbitrariamente de su nacionalidad ni del derecho a cambiar de nacionalidad.

## Artículo 16

1. Los hombres y las mujeres, a partir de la edad núbil, tienen derecho, sin restricción alguna por motivos de raza, nacionalidad o religión, a casarse y fundar una familia, y disfrutarán de iguales derechos en cuanto al matrimonio, durante el matrimonio y en caso de disolución del matrimonio.

2. Solo mediante libre y pleno consentimiento de los futuros esposos podrá contraerse el matrimonio.

3. La familia es el elemento natural y fundamental de la sociedad y tiene derecho a la protección de la sociedad y del Estado.

## Artículo 17

1. Toda persona tiene derecho a la propiedad, individual y colectivamente.

2. Nadie será privado arbitrariamente de su propiedad.

## Artículo 18

Toda persona tiene derecho a la libertad de pensamiento, de conciencia y de religión; este derecho incluye la libertad de cambiar de religión o de creencia, así como la libertad de manifestar su religión o su creencia, individual y colectivamente, tanto en público como en privado, por la enseñanza, la práctica, el culto y la observancia.

## Artículo 19

Todo individuo tiene derecho a la libertad de opinión y de expresión; este derecho incluye el de no ser molestado a causa de sus opiniones, el de investigar y recibir informaciones y opiniones, y el de difundirlas, sin limitación de fronteras, por cualquier medio de expresión.

## Artículo 20

1. Toda persona tiene derecho a la libertad de reunión y de asociación pacíficas.

2. Nadie podrá ser obligado a pertenecer a una asociación.

## Artículo 21

1. Toda persona tiene derecho a participar en el gobierno de su país, directamente o por medio de representantes libremente escogidos.

2. Toda persona tiene el derecho de accceso, en condiciones de igualdad, a las funciones públicas de su país.

3. La voluntad del pueblo es la base de la autoridad del poder público; esta voluntad se expresará mediante elecciones auténticas que habrán de celebrarse periódicamente, por sufragio universal e igual y por voto secreto u otro procedimiento equivalente que garantice la libertad del voto.

## Artículo 22

Toda persona, como miembro de la sociedad, tiene derecho a la seguridad social, y a obtener, mediante el esfuerzo nacional y la cooperación internacional, habida cuenta de la organización y los recursos de cada Estado, la satisfacción de los derechos económicos, sociales y culturales, indispensables a su dignidad y al libre desarrollo de su personalidad.

## Artículo 23

1. Toda persona tiene derecho al trabajo, a la libre elección de su trabajo, a condiciones equitativas y satisfactorias de trabajo y a la protección contra el desempleo.

2. Toda persona tiene derecho, sin discriminación alguna, a igual salario por trabajo igual.

3. Toda persona que trabaja tiene derecho a una remuneración equitativa y satisfactoria, que le asegure, así como a su familia, una existencia conforme a la dignidad humana y que será completada, en caso necesario, por cualesquiera otros medios de protección social.

4. Toda persona tiene derecho a fundar sindicatos y a sindicarse para la defensa de sus intereses.

## Artículo 24

Toda persona tiene derecho al descanso, al disfrute del tiempo libre, a una limitación razonable de la duración del trabajo y a vacaciones periódicas pagadas.

## Artículo 25

1. Toda persona tiene derecho a un nivel de vida adecuado que le asegure, así como a su familia, la salud y el bienestar, y en especial la alimentación, el vestido, la vivienda, la asistencia médica y los servicios sociales necesarios; tiene asimismo derecho a los seguros en caso de desempleo, enfermedad, invalidez, viudez, vejez u otros casos de pérdida de sus medios de subsistencia por circunstancias independientes de su voluntad.

2. La maternidad y la infancia tienen derecho a cuidados y asistencia especiales. Todos los niños, nacidos de matrimonio o fuera de matrimonio, tienen derecho a igual protección social.

## Artículo 26

1. Toda persona tiene derecho a la educación. La educación debe ser gratuita, al menos en lo concerniente a la instrucción elemental y fundamental. La instrucción elemental será obligatoria. La instrucción técnica y profesional habrá de ser generalizada; el acceso a los estudios superiores será igual para todos, en función de los méritos respectivos.

2. La educación tendrá por objeto el pleno desarrollo de la personalidad humana y el fortalecimiento del respeto a los derechos humanos y a las libertades fundamentales; favorecerá la comprensión, la tolerancia y la amistad entre todas las naciones y todos los grupos étnicos o religiosos, y promoverá el desarrollo de las actividades de las Naciones Unidas para el mantenimiento de la paz.

3. Los padres tendrán derecho preferente a escoger el tipo de educación que habrá de darse a sus hijos.

## Artículo 27

1. Toda persona tiene derecho a tomar parte libremente en la vida cultural de la comunidad, a gozar de las artes y a participar en el progreso científico y en los beneficios que de él resulten.

2. Toda persona tiene derecho a la protección de los intereses morales y materiales que le correspondan por razón de las producciones científicas, literarias o artísticas de que sea autora.

## Artículo 28

Toda persona tiene derecho a que se establezca un orden social e internacional en el que los derechos y libertades proclamados en esta Declaración se hagan plenamente efectivos.

## Artículo 29

1. Toda persona tiene deberes respecto a la comunidad, puesto que solo en ella puede desarrollar libre y plenamente su personalidad.

2. En el ejercicio de sus derechos y en el disfrute de sus libertades, toda persona estará solamente sujeta a las limitaciones establecidas por la ley con el único fin de asegurar el

reconocimiento y el respeto de los derechos y libertades de los demás, y de satisfacer las justas exigencias de la moral, del orden público y del bienestar general en una sociedad democrática.

3. Estos derechos y libertades no podrán, en ningún caso, ser ejercidos en oposición a los propósitos y principios de las Naciones Unidas.

**Artículo 30**

Nada en esta Declaración podrá interpretarse en el sentido de que confiere derecho alguno al Estado, a un grupo o a una persona, para emprender y desarrollar actividades o realizar actos tendientes a la supresión de cualquiera de los derechos y libertades proclamados en esta Declaración.

www.ingramcontent.com/pod-product-compliance
Lightning Source LLC
Chambersburg PA
CBHW071422090426
42737CB00011B/1546